Help, ik heb mijn vrouw zwanger gemaakt!

Kluun

Help,

ik heb mijn vrouw zwanger gemaakt!

Uitgeverij Podium
Amsterdam

Voor alle vrouwen die ooit een kind hebben gedragen en gebaard, in het bijzonder mijn moeder

Eerste druk oktober 2004
Zesendertigste druk april 2017

Omslagontwerp Eric Hesen (idee Kluun/Eric Hesen)
Typografie Sander Pinkse Boekproductie
Foto auteur RVDA

Verspreiding voor België: Elkedag Boeken, Antwerpen

ISBN 978 90 5759 238 6

www.kluun.nl
www.uitgeverijpodium.nl

Inhoud

Nakomelingen

Inleiding

U hebt een vrouw zwanger gemaakt, en als het meezit is het nog uw eigen vrouw ook.

Laat mij een van de eersten zijn die u feliciteert: goed gedaan, jochie! Het onweerlegbare bewijs van uw mannelijkheid is geleverd: uw apparaat en de daaraan ontsproten zaadcellen hebben datgene gedaan waarvoor ze bedoeld zijn: u krijgt nageslacht.

'Ik word vader!' jubelt u tegen uw vader, uw vrienden, uw collega's en de maten van uw voetbalelftal. Overal waar u de komende weken komt, zult u op de schouders worden geslagen en worden gecomplimenteerd met de kwaliteit van uw zaad.

Zo, dat was het dan, denkt u. Pompiedompiedom, op de plaats rust, mijn bijdrage aan het feest is geleverd. Nu geduldig een maandje of acht wachten, tussentijds voor de vorm af en toe een *Ouders van Nu* doorbladeren als mijn vrouw kijkt, *faken* dat ik het ook heel belangrijk vind dat de kleur van de commode past bij die van het wiegje, een keertje mee naar zo'n pufcursus, dat bevallinkje er nog even achteraan en dan zijn we vader.

U heeft gelijk: veel meer kunt u niet doen en veel meer ís er ook niet te doen. Er groeit een baby in de buik van uw vrouw, en *that's it.*

De praktijk is anders.

Alles in, op, aan en rond uw vrouw verandert. Het enige wat niet verandert, bent u. Haar man. Ze ziet dat u denkt dat het allemaal vanzelf gaat met zo'n zwangerschap. En dat bevalt haar niet. Dat bevalt haar helemaal niet, en dat zal ze laten weten ook. Wen er maar vast aan: in de ogen van uw vrouw bent u *ook* zwanger. Dat u dit anders ziet, en dat dit biologisch en rationeel gezien totale onzin is, doet niet terzake. Deze maanden telt alleen de perceptie van uw vrouw. U bent de dader.

Nee, nu niet meteen boos worden. Ik sta aan uw kant. Ik weet ook wel dat die baby heus vanzelf groeit en dat het echt niet helpt als u geen rosbief eet, niet drinkt, niet rookt en niet meer gaat stappen. Maar, hoe onweerlegbaar ook, aan deze logica hebben we niets in de situatie waarin u bent terechtgekomen. U bent de komende tijd overgeleverd aan een *andere* logica, eentje waar u het tegen zult afleggen, als u zich er niet gedegen op voorbereidt. We praten hier niet meer over vrouwenlogica, nee, we praten hier over *Zwangere* Vrouwen Logica. En die is volstrekt onnavolgbaar. U zit nu niet meer, zoals voorheen, op een andere golflengte dan uw vrouw, u zit vanaf nu op een andere planeet.

Voor uw vrouw is dat geen ramp. Zij kan voor haar geestelijke en lichamelijke bijstand terecht bij haar moeder, de verloskundige, de kraamhulp, Daphne Deckers en alle vrouwen ter wereld die ooit zwanger zijn geweest of willen worden. Uw vrouw wordt mateloos populair binnen haar kudde, ze wordt de *flavour of the day*. De ogen van andere vrouwen zullen gaan twinkelen zodra zij in de buurt is. Alsof de ijscoman de straat in rijdt.

Bij u is het anders. Uw zwangerschap interesseert andere mannen geen bal. Ze moet als gespreksonderwerp concurreren met belangwekkender zaken als de loting voor de Champions League, de nieuwe BMW 3-serie en de nieuwe secretaresse van de afdeling boekhouding.

Ga uzelf maar na: u wílt helemaal niets weten over zwangerschapsstriemen, tangbevallingen en tepelkloven. Als uw vrouw de laatste tijd niet zo dwingend naar u had gekeken, was u niet eens tot op deze bladzijde gekomen. Dan had u dit boek allang in de vuilnisemmer geknikkerd, zodra de gulle gever even niet had opgelet. (Ik neem tenminste aan dat u dit boek hebt gekregen – ik zou uit mezelf nooit een boek over zwangerschap kopen.)

Nu moet u. Dit boek is een inburgeringscursus voor alles wat u nooit wilde weten. Ik ga het niet mooier voorspiegelen dan het is: de komende maanden zijn een horrorfilm en u bent de hoofdpersoon. Uw tegenspelers zijn de twee vreemdste wezens die zich op deze en de omliggende planeten bevinden. Zwangere vrouwen en baby's. Ik ga u alles over deze *Aliens* vertellen. In voor mannen begrijpelijke taal. Met voorbeelden die u aanspreken, praktijktips waar u wat aan heeft en een verklarende woordenlijst achterin.

Samen komen we er wel doorheen.

De Basisregels

We beginnen met twee simpele basisregels.

I. Gebruik oosterse vechtsporttechnieken

Omgaan met zwangere vrouwen laat zich het best vergelijken met een oosterse vechtsport. Indien u een klap krijgt, of-ie nu verbaal of fysiek is, kunt u maar het beste meeveren.

Deze Basisregel zult u de komende maanden vaak nodig hebben, want uw vrouw zal nogal lichtgeraakt zijn. Zo kan ze uit het niets gaan janken of schreeuwen. Als er een auto achter haar toetert omdat ze niet snel genoeg optrekt bij het stoplicht, als er een kindje op televisie bij SBS6 wordt geopereerd of als de nieuwe cd van Radiohead te hard staat. Niet schrikken, niet persoonlijk opvatten, het is een bekende bijwerking van de zwangerschap.

Goed onthouden: niet terugslaan, niet verstijven, niet afbreken, maar gewoon meeveren. En pas terugveren als u zeker weet dat u niks raakt. Want geduld is het uitgangspunt van Basisregel II.

II. Ga over tot woestijnpolitiek

Weet u wat bedoeïenen doen als er een storm opsteekt in de woestijn? Ze gaan plat op hun buik liggen en verroeren zich niet. Geen kameel die weet hoe lang die storm zal duren, maar eens gaat-ie voorbij, dat is de enige zekerheid die ze hebben, de bedoeïenen en hun kamelen. Tot die tijd blijven ze liggen. Welnu, dit heet woestijnpolitiek. Volkeren die afstammen van de bedoeïenen handelen daar nog altijd naar zodra ze in conflictsituaties belanden. Het is een buitengewoon effectief middel om westerse toeristen de aftocht te doen blazen, als die een beetje gaan lopen klagen over triviale zaken als de afwezigheid van de in de reisgids beloofde airconditioning of de aanwezigheid van gekke beestjes in hun hotelkamer. Basisregel II: wachten tot de storm voorbij is. Een tactiek waar ook u veel aan zult hebben.

Oosterse vechtsporttechnieken en woestijnpolitiek, dat zijn de Basisregels die u de komende maanden moet hanteren als uw vrouw weer eens ontploft en de hormonen in het rond vliegen. Meeveren en rustig afwachten. En nooit, nooit met een zwangere vrouw in discussie gaan. U hebt bij voorbaat verloren.

De conceptie

Een hoofdstuk over de conceptie lijkt nutteloos. A, omdat ik toch mag aannemen dat u als man van de wereld wel een idee heeft hoe u een vrouw dient te bevruchten, en B, omdat uw vrouw al bevrucht is (anders had u dit boek niet gelezen). Het gros van de lezers heeft dan ook niets aan de nu volgende tip, maar mocht u zo gelukkig zijn dit boek onder ogen te krijgen als uw vrouw nog onbevrucht is, dan kan ik u maar één advies geven.

Doe het niet.

Ik meen het. Uw leven houdt op.

Begin er niet aan. Blader dit boek desnoods nog even door, huiver bij de griezelhoofdstukken over hormonen, de bevalling, de kraamtijd en de seks, geef het cadeau aan een vriend of buurman die wel zo dom was zijn vrouw te bezwangeren, pak zelf de *Revu*, de *Oor* of de *Voetbal International*, tel uw zegeningen en ga door waar u mee bezig was – een gelukkig, onbezorgd leven met voldoende slaap en seks.

Saved by the bell. Mazzelaar.

Wat zegt u?

U bent vastbesloten uw vrouw toch zwanger te maken.

Dan moet u het zelf maar weten. Maar nu u er toch bent, geef ik u meteen een goede raad.

Vertel nooit iemand dat u en uw vrouw *bezig zijn*. Aan niemand, maar zeker de volgende personen niet: uw ouders, uw schoonouders, de maten van het voetbalelftal en de stamgasten in uw kroeg.

Begrijp me niet verkeerd, ik twijfel beslist niet aan de kwaliteit van uw zaad, maar het zal u toch eens overkomen dat het niet meteen bingo is. Stel: u neukt de pannen van het dak, maar het blijft 0–0. Dan is het geen feest om bij ieder bezoek de vragende hoofdknik van uw vader met een blozend nee-schudden te moeten beantwoorden (U hoort hem denken: Is dat míjn zoon, die niet eens zijn vrouw zwanger kan maken!?) of om iedere zaterdag in de volle voetbalkleedkamer gevraagd te worden of u eindelijk eens een keer raak heeft geschoten. Om nog maar te zwijgen van die collega die in de bedrijfskantine, naast de kroketten en in het bijzijn van alle meisjes van de afdeling, vraagt of u en uw vrouw zo langzamerhand geen IVF overwegen.

Niet alleen u, ook uw vrouw heeft zwijgplicht. Want nu komt het allerbelangrijkste: u dient te allen tijde te voorkomen dat haar moeder lucht krijgt van de voorgenomen kinderwens van dochterlief (en man). Het is zeer onprettig

IMPRESS YOUR WIFE Als het allemaal niet lukt, hetgeen natuurlijk niet aan u ligt, het zal wel iets zijn met de eierstokken van uw vrouw, blijven IUI en IVF over. U weet vast wel dat u bij IVF zelf zaad moet aftappen (en warmhouden, in theorie zou dat in de mond van uw vrouw kunnen, maar dat houdt ze nooit vol tot bij de balie en het staat zo gek, dus krijgt u een potje), maar wat u en uw vrouw wellicht niet weten is dat uw zaad vervolgens wordt 'opgewerkt'. Opwerken is geen krachttraining, maar het scheiden van kaf en koren. De luie donders en minder bedeelde zaadcellen worden om zeep geholpen. Alleen de toppers worden bij een loops eicelletje gevoegd. IVF is dus een soort opwaarderen van uw zaad. Lees er alles over op www.stilverlangen.com of www.ivf.nl.

om uw schoonmoeder, waar de hele familie bij is, te horen vertellen dat 'bij mij papa maar naar me hoefde te kijken of ik was alweer in verwachting...', gevolgd door uw schoonvader, die ten koste van u zijn mannelijkheid nog even wil onderstrepen middels een 'ja, mijn zaad wist wél van wanten...'.

Dus doe uzelf een plezier: mondjes dicht en snaveltjes toe bij voorgenomen bevruchtingen.

Als ik heel eerlijk ben, had ik zélf al moeite met het idee. Op vruchtbare dagen kon ik de gedachte dat we op dat moment misschien wel de basis voor onze liefdesbaby aan het leggen waren, niet van me afzetten. Ik kreeg aanvallen van seksuele correctheid, wilde voortaan romantisch klaarkomen. Het moment waarop mijn zaad in haar liefdestunnel zijn tocht naar een geschikt lief eicelletje zou aanvangen, kon ik toch niet voort laten komen uit de 'me Tarzan, you Jane'-seks waar mijn vrouw en ik aanhangers van zijn? Nee, dat gaf geen pas. Ik wilde zachtaardige, conceptie-fähige woordjes fluisteren. Dat had ik wel eens in een film gezien. En daarbij, zo nam ik me voor, zou ik mijn vrouw voortaan liefdevol aankijken. Dat was nieuw, tot dan toe zaten de ogen van mijn vrouw doorgaans zelfs niet in mijn gezichtsveld als ik in haar klaarkwam.

Het lukte! Nadat mijn vrouw met de pil gestopt was, werd er in Huize Kluun teder geneukt. Het leek net Bouquetreeks-seks. Zie je wel dat ik toch nog een vleugje beschaving in m'n donder had! Als ik maar wilde.

Er ging een maand voorbij. Een halfjaar. Wat was ik blij dat we onze mond hadden gehouden tegen mijn ouders en schoonouders.

Op een avond kwamen mijn vrouw en ik terug van een

feestje in Paradiso. Helemaal naar de klote en zo geil als een aap. De seks was van dik hout, in woord en gebaar. Porno van het type waar ze bij Canal Plus hun vingers niet aan durven branden. Ik kwam als de brandweer.

'Woeha boeha,' zuchtte mijn vrouw na afloop, 'dat was ouderwets lekker...'

Drie weken later gaf de Predictor* een plusje aan.

Praktijktip Wetenschappers hebben nog nooit een verband kunnen aantonen tussen een pornografisch orgasme en latere psychische stoornissen van uw kind. Gewoon ordinair copuleren alsof er niks aan de hand is, dus.

* Zie de verklarende woordenlijst.

De officieuze ontdekking van de conceptie

Er zijn vrouwen die zeggen dat ze het moment waarop ze bevrucht werden, konden voelen (mijn vrouw zegt dat ze wel wat anders aan haar hoofd had – klaarkomen zoals ze in geen maanden meer was gekomen). Andere vrouwen zeggen dat ze het konden zien in de spiegel, omdat hun gezicht anders was.

En dan is er nog een buitencategorie: vrouwen die beweren dat ze een ontluikende zwangerschap bij andere vrouwen zien. De moeder van mijn vrouw is ook telepathisch op dat gebied. God mag weten hoe, maar het mens ziet het, zegt ze.

Mijn vrouw was drie dagen over tijd. Elke keer als ze terugkwam van de wc was ik nerveus als een *Idols*-kandidaat omringd door zes camera's en Jerney Kaagman. Zou ik door mogen?

Als mijn vrouw de kamer weer binnenkwam durfde ik niets te vragen, ik keek alleen.

'Nog steeds niks...'

Yes! Weer een ronde verder, dacht ik dan.

Die zondag (ze was al vier dagen over tijd) kwamen mijn schoonouders. Toen de bel ging vroeg ik mijn vrouw of ze nog steeds niet aan haar moeder had verteld dat wij al een paar maanden eh... bezig waren.

'Tuurlijk niet.'

'Mooi,' lachte ik, 'dan kunnen we nu eindelijk eens checken of je moeder inderdaad een wandelend Predictor-staafje is.'

We aten met z'n allen, die avond. Nummer 143, met extra bami. Terwijl ik mijn babi pangang naar binnen werkte, keek ik naar het gezicht van mijn schoonmoeder. Verbeeldde ik het me nu of zat het mens mijn vrouw intensiever dan anders te bestuderen?

'Je moeder weet toch niet dat je over tijd bent, hè?' fluisterde ik mijn vrouw in haar oor. Die schudde lachend haar hoofd.

'Als wij de tafel nou eens afruimen,' zei mijn schoonmoeder tegen mijn vrouw, 'dan kunnen de mannen *Studio Sport* kijken.' Mijn schoonmoeder is een heerlijk mens, had ik dat al verteld?

Vanaf mijn standplaats voor de televisie zag ik dat mijn vrouw iets in haar oor gesmoesd kreeg. Even keek ze verbaasd, werd toen rood en voor ik kon ingrijpen, was het al te laat. Ik zag het haar zeggen.

'Ja.'

Mijn vrouw was gezwicht. Behekst door haar moeder. De zwijgplicht was doorbroken.

'Ik wist het, ik wist het!' gilde mijn schoonmoeder, vloog mijn vrouw in de armen en slaakte vreugdekreten.

'Kom, kom, het is maar tegen RBC, hoor,' bromde mijn schoonvader, 'en zo mooi was-ie nou ook weer niet.'

Ik baalde als stro.

Niet omdat ik niet blij was, integendeel (ik bedoel, het was inderdaad een frommelgoal, maar die tellen ook, binnen is binnen), maar ik, de oprichter van de zwangerschap, voelde mezelf aardig buitengesloten zo met een bord restanten babi pangang op mijn schoot, kijkend naar mijn huilende vrouw in de armen van haar 'ik word oma, ik word oma!' gillende moeder.

'Pardon?' riep mijn schoonvader verbaasd.

'Ja,' mompelde ik, 'zeg dat wel.'

Schoonpaps kreeg een grijns op zijn gezicht. 'Kerel, van harte!' bulderde hij, en sloeg me daarbij zo hard op mijn schouders dat het laatste restje babi pangang met zoetzure saus zich van mijn bord naar het vloerkleed verplaatste.

Hij pakte me vast en begon me fijn te knijpen. Ik mompelde nog iets over prematuur en dat het helemaal nog niet zo zeker was omdat we nog geen test hadden gedaan en dat vier dagen over tijd wel vaker voorkwam, maar er was geen redden meer aan. Schoonmama kwam al met gestrekte armen en betraande ogen in waggeldraf op me af.

Even later werd ik door twee glimmende schoonouders gesandwiched. Mijn vrouw keek me vanuit de keuken verontschuldigend aan.

'Ik zag het al toen ik binnenkwam, ik zag het al toen ik binnenkwam!' kwekte Eucalypta in mijn oor. (Mijn schoonmoeder herhaalt altijd alles wat ze zegt. Dat krijg je als je te veel tijd hebt.)

Ik was zo chagrijnig dat ik even hoopte dat Predictor morgen het voorspellend vermogen van mijn schoonmoeder zou logenstraffen. Lekker puh. Dan maar geen vader.

'Ik ben toch zo blij voor jullie,' zei ze bij het afscheid. 'Zo ontzettend blij.' Het viel me op dat ze voor deze ene keer de zin niet in zijn geheel herhaalde, vermoedelijk omdat ze halverwege zelf ook tot de ontdekking kwam dat het *jullie* eigenlijk door *mezelf* diende te worden vervangen.

'Goed gedaan, ouwe dibbes,' glunderde mijn schoonvader. Hij kneep me in mijn wang. 'Ik ben trots op je.'

'Mama zei dat ze het aan mijn ogen gezien had...' zei mijn vrouw met een blik van bewondering, zwaaiend naar de Subaru Methusalem, die luid claxonerend de straat uit reed. 'Toen mijn zus in verwachting was, was mama ook de eerste die het doorhad.'

'Hm. Ik zou het leuk hebben gevonden als we het met zijn tweeën hadden kunnen vieren,' bromde ik. 'Zullen we de volgende zwangerschap meteen maar live door Jomanda op tv laten bevestigen?'

'Doe niet zo flauw,' zei mijn vrouw. 'Jij bent toch ook blij?'

'Ik ben pas blij als ik een vette plus zie op zo'n Predictor-staafje.'

'Nou, ik geloof dat mama het echt goed heeft gezien,' zei mijn vrouw fel.

'En ik geloof het pas als jij over je moeders kop mag zeiken en er dan een plusje op haar voorhoofd tevoorschijn komt,' grinnikte ik. Ik vond 'm wel scherp, al zeg ik het zelf. En vergat dat ik hiermee zwaar tegen Basisregel II zondigde.

Mijn vrouws onderlip begon te trillen. Haar hoofd werd rood. Haar ogen spuwden vuur. En toen begon ze, buiten op straat, van nul op honderd te schreeuwen dat ik een egoïstische klootzak was omdat ik niet eens blij was en dat ze me niet als vader van haar kind wilde en dat ze van me af wilde en dat ze bij haar moeder in zou trekken.

Daarna viel ze me om de hals en begon als een wilde te janken.

Ik had geen Predictor meer nodig. Mijn schoonmoeder had het goed gezien. Zo zwanger als een boek van Daphne Deckers.

De officiële ontdekking van de conceptie

Ik denk, laat ik het eens goedmaken. Dus de dag erna naar de Etos, Gall&Gall en de bonbonjuwelier getogen en daar een Predictor, een fles champagne en een doos truffels ter waarde van het BNP van een middelgroot Afrikaans land gekocht. Als we zwanger zijn, dan maar meteen *all the way*. Zo ben ik dan ook wel weer. Om het geheel straks ceremonieel aan te pakken de Predictor zelfs nog in cadeaupapier laten inpakken, tot irritatie van de caissière.

'Is het voor uzelf, meneer?'

'Nee, voor mijn moeder.'

Die avond de kaarsen aangestoken, lekker lounge-cd'tje op en de champagne stand-by in de koelkast gezet. Want dat er straks een plusje zou verschijnen, daar twijfelde ik niet meer aan na de scène die mijn vrouw gisteren op straat had gemaakt.

Het in Etos-cadeaupapier gewikkeld pakje lag pontificaal op tafel.

'Voor mij?' vroeg mijn vrouw.

'Voor ons,' zei ik. 'Pak maar uit.'

Mijn vrouw scheurde nerveus het pakje open en liet het doosje bij het zien van de letters ICTOR van schrik uit haar handen vallen.

'Oeoeoeoehhh,' riep ze. 'Een echte Predictor.' Aan de manier waarop ze het uitsprak en naar het doosje keek zou je zweren dat het een vibrator was van Ron Jeremiaans formaat. Ze dorst het ding niet eens op te pakken.

'Hij bijt niet, hoor.'

Ze begon te gieberen en pakte met trillende handen het doosje op. Het werd van alle kanten bekeken, zelfs de barcode mocht zich verheugen in een hoeveelheid aandacht waar hij verlegen van werd.

'Maak nou open,' zei ik ongeduldig.

'Ik vind het zo eng.'

'Kom op.' Bibberend maakte ze het doosje open. Ze haalde het staafje eruit.

'Nou, eh... dat is 'm dus,' zei ik.

'Ja,' zei mijn vrouw, wezenloos naar het ding starend, 'dat is 'm dus.'

Daar zaten we dan. Als twee pubers die naar hun allereerste condoom zaten te staren.

'Zullen we eerst eens lezen hoe het werkt?' vroeg ik om de impasse te doorbreken. Als we in dit tempo doorgingen zouden we officieel nog niet weten dat mijn vrouw zwanger was tegen de tijd dat haar vliezen braken.

Mijn vrouw vroeg of ik meeging naar de wc. Ik grijnsde bij het idee. De laatste keer dat we samen in één wc waren geweest was jaren geleden, in de RoXy.

Bij deze gezamenlijke gang naar de wc was ik nog nerveuzer dan toen, hoewel er nu niet eens een toiletjuffrouw was die op de deur kwam bonzen. Dit keer was het mijn hart dat bonsde, als een dolle. Ik keek toe hoe de urine van mijn vrouw veelbelovend over het staafje kletterde. Ze keek me aan en gieberde weer van de zenuwen.

Ik keek op de gebruiksaanwijzing wat de volgende stap was.

'O, je had ook in een potje mogen plassen en dan die staaf erin dompelen, lees ik nu.'

'Ah. En nu?'

Ik las verder. 'Nu vier minuten wachten.'

'Let the games begin' Vroeger was de huisarts de openingsact van de zwangerschap. ('U bent in verwachting, mevrouw.' 'Alweer, dokter? Hoe komt dat toch steeds?' 'Ach mevrouw, als ik u dat vertel krijg ik ruzie met meneer pastoor.') Nu is het de Predictor die een uitblijvende ongesteldheid officieel tot zwangerschap bevordert. Het ding schijnt te checken of het zwangerschapshormoon hCG in de urine van uw vrouw zit en doet dat met een betrouwbaarheid van 99%. Daar kunnen uw schoonmoeder noch uw huisarts tegenop. (Onwillekeurig vraag je je dan toch af waaruit die ene procent bestaat. Een technisch mankement? Dat het plastic ding stellig verkondigt dat er niets aan de hand is en je je vrouw na een maand of vier omzichtig voorstelt om weer eens naar de sportschool te gaan? Of zouden er echt vrouwen zijn die het voor elkaar krijgen om dat ding verkeerd te gebruiken, dat ze het staafje rectaal inbrengen?)
Op het Predictor-staafje verschijnt vervolgens een stip, hetgeen enigszins teleurstellend is. Wat is nou een stip? Een blijde verwachting hoor je met een plusje in te luiden, een *two thumbs-up*, een oplichtend 'Hoezee!' of een computerchip met lang-zullen-ze-levendeuntje, zoals op zo'n verjaardagskaart. Maar toch geen stip...
Nee, zo'n Predictor-staafje is toch een beetje alsof je voor het eerst in Afrika bent en er ter plekke achter komt dat de mensen daar niet in van die leuke lemen hutjes wonen, maar in sloppenwijken, die er niet uitzien op de vakantiefoto's.

'Hoe lang nog?'

'Nog iets meer dan een minuut.'

Ze begon te giechelen. 'Zo meteen zijn we misschien zwanger.'

Ik knikte.

Stilte.

Ik keek op mijn horloge. Een halve minuut nog.

Wachten.

'Nog vijftien seconden.'

Nog vijftien seconden, en dan zou de meest dramatische verandering in mijn leven zich aankondigen.

Ik zou vader worden. Of niet. Het voelde vreemd: het was al gebeurd, het was al onomkeerbaar, alleen wijzelf wisten het nog niet. Alsof je naar een samenvatting bij *Studio Sport* kijkt van een 's middags gespeelde wedstrijd.

'Daar komt-ie dan, schat,' zei ik.

Ik trok het dopje ervanaf. We pakten elkaars hand vast.

En daar was-ie.

Een grote, roze stip.

Onmiskenbaar. Zwanger met een grote Z.

Mijn vrouw begon te gillen. Ik tilde haar op en begon te springen. 'We zijn zwanger, we zijn zwanger!' hoorde ik mezelf roepen. We tongzoenden. We lachten naar elkaar. We zeiden dat we van elkaar hielden.

'En van jou,' zei ik, kijkend naar haar buik. Ik bukte, ging op mijn knieën voor haar zitten, ontblootte haar buik en kuste een plek waarvan ik vermoedde dat daar zich wel eens een baarmoeder zou kunnen bevinden.

En toen begon ik te janken.

Mijn vrouw pakte mijn hoofd, drukte het tegen haar buik en deed mee.

Zwanger. Vader. Kluun papa. Ik was gelukkig, zo verdomd gelukkig. Ik stroomde letterlijk over van geluk.

'Wil je champagne?' vroeg ik, mijn wangen droogvegend.

'Heb je die?'

Ik knikte.

'Mag dat eigenlijk wel?'

'Een half glaasje zal toch geen kwaad kunnen?'

We proostten, namen een slok en zwegen, gelukzalig. 'Hoe groot zou-ie nu zijn?' vroeg ze.

'Zal ik het eens opzoeken op internet?' riep ik. Ik stond al. 'Dat zal vast wel ergens te vinden zijn.' Ik tikte 'zwanger' in op Google.

PRACTICUM

Ons eerste practicum dient ertoe alles een beetje in verhouding te gaan zien, nu we zwanger zijn.
Tik op Google het woord 'baby' in.
Binnen een seconde worden een dikke negentig miljoen zoekresultaten over uw scherm uitgestort. 'Pregnant', 'pregnancy' en 'expecting'? Meer dan veertig miljoen resultaten. Nu voetbal. De Champions League. Krap drie miljoen hits. En ook Ajax, Feyenoord en zelfs Real Madrid: kinderspel in vergelijking met 'baby's' en 'zwangerschap'. Dan de porno. Tik 'fuck', 'tits' en 'pussy' in. Toe maar. Geef mij maar de schuld als uw vrouw of baas een keer uw computer gebruikt.

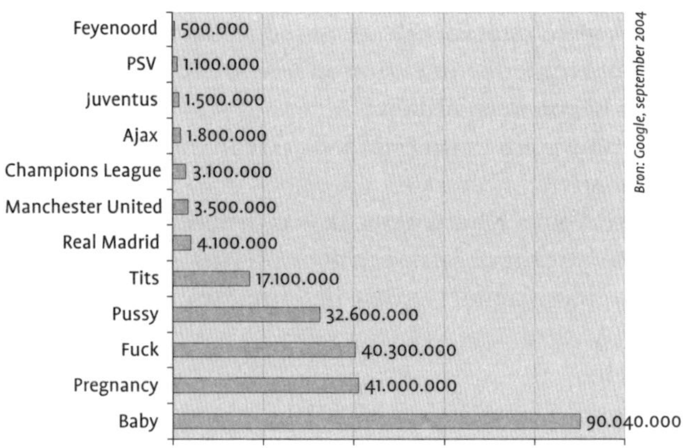

'Zo groot,' zei ik, vanachter mijn computer. Ik hield mijn duim en wijsvinger op een halve centimeter van elkaar.

'Zo groot als een rijstkorrel...' zei mijn vrouw dromerig.

'Dan is zijn werktitel vanaf nu Lassie,' verklaarde ik plechtig.

De huisarts

'Nou, morgen eerst maar eens naar de huisarts, hè schat,' opperde ik.

Mijn vrouw knikte enthousiast. Eindelijk eens een keer niet voor iets ongezelligs als een lastige moedervlek, ingegroeide nagel of griepprik naar de dokter, maar met Heuglijk Nieuws. Goedgeluimd meldde mijn vrouw zich op het dagelijkse spreekuur van acht tot halfnegen. Na het gebruikelijke uur wachten was ze om halftien aan de beurt.

'Dag mevrouw eh...'

'Van de Klundert, dokter.'

'Ach, natuurlijk, mevrouw van de Klundert. En, wat scheelt eraan?'

'Niets,' giechelde mijn vrouw. 'Maar...' – ze kon een enthousiast tatatatatáááá nog nét inhouden – 'ik ben in verwachting!'

De dokter feliciteerde mijn vrouw en glimlachte beroepsbeleefd. Mijn vrouw keek onze huisarts gelukzalig aan.

De huisarts keek terug.

'Eh... En nu, dokter?' vroeg mijn vrouw benieuwd. Ze was er helemaal klaar voor. Bloed prikken, bloeddruk meten, ze had nog even gecheckt of er tot in de derde graad van haar of mijn familie ergens erfelijke ziektes of geestesaandoeningen voorkwamen ('En jullie tante Gonnie dan, die is toch niet helemaal goed?' 'Nee, dat lijkt alleen zo, schat'), ze had zich geestelijk voorbereid op de ongetwijfeld lange lijst van dingen die ze vanaf nu niet meer zou mogen eten, drinken, roken, slikken, doen, laten en laten doen. Ze had zelfs haar plas die ochtend opgehouden omdat doktoren volgens haar altijd ochtendurine nodig hebben voor hun testjes, en ze had, geheel tegen haar gewoonte, een agenda meegenomen om een vervolgafspraak te maken voor over een week of twee, drie – een zwangerschap dient immers op de voet gevolgd te worden, wel zo veilig, nietwaar?

Niet waar.

Mijn vrouw moest zich zo over een maand of twee maar eens bij een verloskundige* melden.

'Dan is er nog tijd genoeg,' voegde hij eraan toe, en de groeten.

IN HET BUITENLAND In Duitsland, België en Frankrijk wordt de vrouw vanaf de eerste dag dat ze weet dat ze zwanger is van binnen en buiten gecontroleerd door een gynaecoloog. Niks geen acht weken wachten.

De Nederlandse huisarts stuurt zijn nieuwbakken zwangere patiënten weg. Geen pro-formatestje of een invulformulier, maar gewoon vort, terug naar huis. Volgende patiënt. Na conceptie komt deceptie.

Stoer hoor, zwangere vrouwen van roze wolken af sleuren.

* Zie de verklarende woordenlijst.

De postejaculatieve depressie

We laten onze zwangere vrouwen even rusten – er is immers tijd genoeg, begrepen we van de huisarts – en gaan terug naar u, voor wie deze inburgeringscursus tenslotte bedoeld is.

Ook u heeft alle tijd van de wereld. De klus is geklaard, de stip op de Predictor begint al te vervagen en ergens binnen in uw vrouw is uw zaad druk bezig om zich te transformeren tot iets wat ooit uw zoon gaat worden. (Ja, een zoon. We gaan er om motiveringstechnische redenen voorlopig vanuit dat u een zoon krijgt).

U kunt niets meer doen.

IMPRESS YOUR WIFE Nagellak. Gooi een klodder transparante nagellak over de stip, en hij zal zichtbaar blijven als u zelf al lang en breed op de eeuwige jachtvelden vertoeft. Zo kunnen uw achterachterachterkleinkinderen in de 22e eeuw het bewijs van uw vruchtbaarheid ook aanschouwen.

En dan begint er iets te knagen. Een onbestemd gevoel. Ik had het ook en ik begreep er niks van. Wat zat me in hemelsnaam dwars? Bang dat ik straks de zwangerschapskalender van *Ouders van Nu* uit mijn hoofd zou moeten leren? Of dat ik weken achtereen mijn tennisavondje zou moeten missen vanwege de pufcursus? Of zag ik nu al op tegen het bijwonen van de bevalling (kon ik wel tegen al dat bloed?) of erger nog, tegen het vaderschap (en kon ik eigenlijk wel tegen kinderen?)?

Het duurde een paar dagen, en ineens wist ik het. Met het lozen van mijn zaad op de daartoe geëigende plaats had ik mezelf in één machtige stoot gereduceerd tot een zwangerschapstechnisch nutteloos wezen. De rest van het traject regelde de natuur wel met mijn vrouw. Ik stond buitenspel. Al zou ik morgen besluiten van de Rembrandttoren te springen, Lassie zou er geen millimeter minder om groeien. Zolang mijn vrouw de komende maanden maar geen gekke dingen deed, zou het allemaal goed komen. Dat was de keiharde biologische waarheid.

Laat mij ook u even met beide voeten op aarde zetten. Na uw doeltreffende zaadlozing bent u uitgerangeerd.

Ja, dat hakt er in, nietwaar? Op uw werk heeft u het zo voor elkaar weten te boksen dat u onmisbaar bent (of op zijn minst lijkt), het café-elftal is een zwalkend schip zodra u een keer verstek laat gaan omdat u een weekendje naar Centerparcs moet, maar de zwangerschap is nog maar goed en wel begonnen of u doet er al niet meer toe.

Deze Ondraaglijke Overbodigheid Van Het Bestaan wordt door wetenschappers een postejaculatieve depressie genoemd. Het mannelijk ego houdt er niet van om op het tweede plan te staan, laat staan overbodig te zijn. Daar zijn we niet zo goed in.

Terwijl het makkelijk anders had gekund. Met een beetje fantasie en wat goede wil hadden wij van de natuur ook best iets nuttigs te doen kunnen hebben voor de duur van de zwangerschap.

Neem de functie van de placenta*, ofwel de moederkoek. Een relevante naam, want die moederkoek is een soort Liga voor het kind tijdens de zwangerschap. Het bevat voedings-

* Zie de verklarende woordenlijst.

stoffen en alles wat nodig is om uw baby te laten groeien. Buitengewoon adequaat concept, op zich.

Maar laat ons eens wat biofilosoferen. Die voedingstaak hadden wij, mannen, toch makkelijk over kunnen nemen? Ons sperma had toch gewoon alle voedingsstoffen kunnen bevatten die de baby nodig heeft? U zou gewoon driemaal daags een voeding voor uw baby in uw vrouw moeten droppen. Koud kunstje. Het zou de band met uw vrouw én uw vaderschapsgevoel hebben versterkt. En na de geboorte zouden de borsten van uw vrouw het gewoon weer van u kunnen overnemen.

Uw werkgever zou verplicht worden gesteld om u tijdens de zwangerschap dagelijks een halfuur vrijaf te geven. Prenataal ejaculatieverlof.

En als het echt druk was op de zaak, zou u gewoon 's ochtends voor u naar uw werk ging even kunnen afkolven.*

Nee, het had allemaal makkelijk anders gekund. Ik verdenk de natuur ervan dat ze mannen bewust buitenspel heeft gezet. Dit lijkt sterk op een complot.

Ze heet niet voor niks *Moeder* Natuur.

* Zie de verklarende woordenlijst.

De bekendmaking van de zwangerschap

U bent natuurlijk zo trots als een mannetjesbaviaan op de kersverse, door u veroorzaakte zwangerschap. Dit wilt u delen.

En dat mag niet. In de Nederlandse zwangerschapscultuur wordt u geacht de eerste drie maanden uw tong af te bijten.

Dat hoort zo, heeft iemand ooit bedacht. 'Ja, want de statistische kans op een miskraam is in de eerste maanden negen keer zo groot, en *als* je dan een miskraam krijgt, dan weet iedereen het.'

Ja? En dus? Zullen we het dan ook maar onder de pet houden als het kind eenmaal geboren is, want-als-ie-straks-niet-goed-genoeg-is-voor-de-universiteit-dan-weet-iedereen-het.

IN HET BUITENLAND In de meeste Europese landen weet de hele familie en kennissenkring al dat een man zijn vrouw zwanger heeft gemaakt als het zaad amper is opgedroogd.

Zo ver zijn wij gezonken. Zelfs een zwangerschap willen we niet delen, want het zou eens mis gaan...

Zijn wij nu het land waar vroeger de mannen van staal en de schepen van hout waren? Zijn wij het land van Willem van Oranje, Piet Hein, Vincent van Gogh, Anthony Fokker, Bep van Klaveren, Reinier Paping, Drees, Nees, Jaap Stam, Jan Cremer en Golden Earring? Wat zou er van ons land zijn geworden als dat ook van die labbekakkers waren geweest? 'Shhht, nog niets vertellen over die zilvervloot hoor, wie weet blijkt het straks oud ijzer te zijn en dan lachen ze ons uit.' Of: 'Laat ik maar niemand vertellen dat ik bezig ben met die zonnebloemen, straks mislukken ze nog.'

Nog zoiets: tijdens een echo willen de meeste Nederlanders het geslacht van het kind niet weten. 'Anders is het straks geen verrassing meer.' Alsof de baby een surprise-ei is.

IN HET BUITENLAND Zodra de echo uitsluitsel heeft gegeven of de vrucht al dan niet in het bezit is van iets dat een piemel dreigt te worden, vertelt het zwangere stel aan iedereen die het wil horen wat het wordt, een zoon of dochter. Vaak met de toekomstige naam erbij.

Wat denken we nou in Nederland? Dat de lol er bij de geboorte af is als je het geslacht weet?

'Pa, je bent opa geworden! We hebben een kind!'

'Ja, een jongen toch?'

'Ja!'

'En hij heet Harrie?'

'Ja!'

'Maar dat had je me tijdens de zwangerschap toch allemaal al verteld?'

'Eh... ja?'

'Waarom bel je me dan midden in de nacht, jongen? Ik kom van de week wel 'ns kijken, als ik tijd heb. Trusten.'

Tuuttuuttuuttuut.

Een zoon of een dochter

‘Weten jullie wat het wordt?’

‘Nee, we vinden het leuker om het nog niet te weten.’

‘Wat hoop je?’

‘Ach, als het maar gezond wordt.’

U jokt. U wilt gewoon een zoon. Dat weet ik, dat weet u, dat weet uw vader (die wil ook dat u een zoon krijgt, want dan heeft hij een kleinzoon), dat weten uw vrienden én dat weet uw vrouw.

Uw vrouw zou u ook graag een zoon schenken. (Vergelijk: ‘Ze heeft me een zoon geschonken’ met ‘We hebben een dochter gekregen’.)

Een zoon = samen op zaterdag naar de F-jes, hem in de achtertuin leren kappen, draaien en scharen, samen naar het WK-voetbal in 2026, samen vissen, samen Playstation 6 kopen, samen praten over dat je het best vindt wat-ie allemaal uitvreet, maar dat-ie de volgende keer verdomme wél condooms moet gebruiken (en hier heb je een pakje, jongen, geniet er maar lekker van), samen de kroeg in, samen mountainbiken in de Ardennen.

Een dochter = uh... ehhhh????

Schaamt u zich maar niet, een dochter leeft gewoon in een andere wereld dan u. Een dochter speelt met poppen, kijkt naar Barbie-films en houdt van verkleedmanden. En zodra ze wel enigszins dezelfde interesses krijgt als papa mag u er niks meer van weten.

Nee, elke man wil een zoon.

IMPRESS YOUR WIFE U kunt uw vrouw niet de schuld geven als uw kind straks geen zoon blijkt te zijn. U bent degene die bepaalt wat het wordt, of – laat ik u niet te veel ophemelen – uw zaadcellen bepalen dat. U heeft namelijk chromosomen van het type X (dochter) en Y (zoon), uw vrouw heeft enkel X-cellen. Welnu, u kunt een poging wagen Moeder Natuur een kunstje te flikken. Dat werkt zo. Y-tjes, de mannetjes in uw zaad, zijn sprinters met een korte adem. Uw vrouwelijke X-jes daarentegen zijn stayers, die het dagen vol kunnen houden.

Lozen we ons zaad dus enkele dagen vóór de ovulatie*, dan kunt u er donder op zeggen dat uw Y-tjes te vroeg pieken en allang de kraaienmars hebben geblazen voor er zich een loops eicelletje aandient. Gevolg: een dochter.

Daarentegen: als u uw orgasme weet uit te stellen tot de dag van ovulatie of vlak erna, dan is de kans groot dat de eicel al ongeduldig klaarligt en dan komt het aan op een massasprint. Geheid dat dan een Y-tje wint en uw kind over vijf jaar met geschaafde knieën thuiskomt in plaats van met een Barbie-krulset. (In het verleden behaalde resultaten bieden geen garantie voor de toekomst.)

* Zie de verklarende woordenlijst.

Zwangerschapskalender voor mannen

Terwijl u met niemand over de zwangerschap mag praten, is-ie toch heus in volle hevigheid losgebarsten. De eerste bijwerkingen waaraan uw vrouw gaat lijden zijn nesteldrang en informatiegeilheid. Laten we die eerst behandelen.

Uw vrouw wordt volslagen informatiegeil, die eerste maanden. Alles wat er aan babyinformatie op haar pad komt, verslindt ze. Ze zou liefst elke dag naar de verloskundige willen met nieuwe vragen. Ze bestudeert de folders die ze daar krijgt alsof haar leven ervan afhangt en voor u het weet is het hele huis bezaaid met brochures van Kids Factory, Babyparadijs en Prénatal. Binnen een paar weken na de Predictor heeft ze een dossierkennis opgebouwd waar Abraham Moszkowicz jaloers op zou zijn.

> 'De groei van de bevruchte eicel tot een voldragen baby duurt 38 weken. Met de twee eerste weken vanaf uw menstruatie daarbij opgeteld, kom je op 40 weken zwangerschap. Het prettige van deze rekensom is: als de zwangerschapstest positief kleurt, ben je meteen al vier weken zwanger.' (Vrouwenlogica op de zwangerschapskalender van www.jongegezinnen.nl)

Ik wist niet wat ik meemaakte. Terwijl er de dag daarvoor een enorme stapel zwangerschaps- en babymagazines door haar zus was afgeleverd, kocht mijn vrouw toch ook maar even een verse *Ouders van Nu*, de nieuwe *In Verwachting* en het *Negen Maanden Magazine*. Ik was verbijsterd. Een ouwe *Voetbal International* lezen, zoals ze wel eens bij de tandarts liggen, heeft natuurlijk geen enkele zin, maar een zwangerschap uit 2001 is volgens mij toch echt hetzelfde als eentje anno nu. En of het nog niet genoeg was, lag er ineens een boek getiteld *De negen maanden van de zwangerschap* op tafel. En een peperduur fotoboek, *Een nieuw leven in beeld.* Zette ik mijn computer aan, dan zag ik dat de startpagina was veranderd van www.volkskrant.nl in www.babyinfo.nl en dat er een nieuw *bookmark*-mapje was, waarin tientallen nationale en internationale URL's over zwangerschap, namen, kinderziektes en crèches waren opgeslagen. Er kwamen tot mijn blijde verrassing plotseling buitengewoon intieme mailtjes van wildvreemde vrouwen in mijn mailbox, met onderwerpen als 'Hoe gaat het met je?' en 'Is-ie al dik?', die bij nader onderzoek voor mijn vrouw bleken te zijn. Mail van andere zwangere vrouwen, die ze op het zwangerforum van www.zwanger.nl had leren kennen.

Mijn vrouw zoog, kortom, alles op wat er te weten viel over Lassie. En eigenlijk wilde ze, zo voelde ik aan, dat ik hetzelfde deed. Met uitzondering van dat chatten met wildvreemde vrouwen dan.

Ik deed wat ik dacht dat goed was. Ik ging ook lezen. Liefde in tijden van zwangerschap. Dat fotoboek over de groei van Lassie in de baarmoeder trok ik nog wel. Mooi. Maar de rest boeide me eerlijk gezegd minder. Het ergste waren de zwangerschapskalenders. Elk boek, elk blad, elke website had er wel een. Ik begreep al het gedoe niet. Wat had het voor nut om te weten dat Lassie in de derde maand al ogen had? En wat moet zo'n kind daar in vredesnaam mee? Hij zit negen maanden lang in een darkroom.

Mijn vrouw dacht er anders over. Ze spelde ze, die zwangerschapskalenders.

Uw vrouw straks ook. Als ze wil (en dat wil ze) kan ze van week tot week bijhouden hoe die *Alien* in haar buik groeit. Nogmaals, u en ik weten dat dit volstrekt nutteloze informatie is, maar ik kan het u niet genoeg op het hart drukken, houdt u zich aan Basisregel II, zeg dat alstublieft niet tegen uw vrouw.

En daarmee treedt Basisregel I weer in werking. Meeveren. U *moet* er iets over gaan lezen, daar komt u niet onderuit.

Nu kunnen we twee dingen doen.

De ene mogelijkheid is dat u zich door de 42 weken lange zwangerschapskalender van www.babyinfo.nl of www.oudersvannu.nl heen gaat worstelen.

Maar wat dacht u ervan als ik u nu eens gewoon een samenvatting geef? Net zoiets als die uittrekselboeken vroeger op school, die ervoor zorgden dat u uw tijd aan nuttiger zaken kon besteden dan aan het lezen van *Hamlet, Die Leiden des jungen Werther* of *Mariken van Nimweghen.*

Dit is de zwangerschapskalender voor mannen. Bij de eerste maand staan we iets langer stil, want u wilt natuurlijk weten of uw zaad goed terecht is gekomen, maar daarna jassen we die negen maanden er in TGV-tempo doorheen. Daar gaat-ie:

Maand 1

Als uw zaad nog veilig in uw scrotum huist en de eicellen van uw vrouw onwetend van het naderende onheil aan het rijpen zijn, beginnen andere zwangerschapskalenders al te tellen. Wij beginnen gewoon waar het hoort: bij uw zaadlozing. Van de paar miljoen zaadcellen die u in uw vrouw heeft geïnjecteerd, zullen er een paar duizend in haar baarmoedermond infiltreren. In zwangerschapskalenders voor vrouwen wordt ten onrechte gesproken over miljoenen 'rivalen' die door die ene winnende cel zijn uitgeschakeld. Typisch vrouwendenken. Wij weten wel beter. Uw legioen, uw ploeg, alle meesterknechten, waterdragers en verkenners hebben met vereende krachten samengewerkt om voldoende zaadcellen in de juiste positie te brengen voor de eindfase van de koers. Hierbij is haast geboden. Want hoe prettig ú het ook vindt om te vertoeven in de liefdestunnel van uw vrouw, voor uw zaad is deze route naar de baarmoedermond *killing*. Het is er te zuur. Miljoenen krijgers sneuvelen daar voor de goede zaak, met een opofferingsgezindheid die ons mannen eigen is. Een voor allen, allen voor een.

Na een helse tocht heeft alleen het elitekorps, bestaande uit zaadcellen die beschikken over moed, kracht, souplesse, snelheid, gogme, geduld en tactisch inzicht, zich weten te verschansen in het slijm van de baarmoedermond.

Uw vrouw komt nu ook eindelijk in actie. Haar eicel is rijp en maakt zich nietsvermoedend los. Dit is het moment waar uw infiltranten geduldig op hebben gewacht, soms wel 48 uur, zonder eten en drinken. In goed overleg wordt gekeken naar wie vandaag goede benen heeft. Dan is het wachten op het juiste moment en... *attack*! De kopman wordt gelanceerd. Als een komeet. Hij ruikt de meet, zijn staart gaat ervan kwispelen nu hij ziet dat de bevallige rondemiss haar rokje al iets omhooggeschoven heeft. De held sprint zonder vrees recht op de naïeve eicel af. Daar boort hij zich met gevaar voor eigen leven door de wand en ontploft ter plekke. *Mission accomplished*, uw vrouw is zwanger. Hoezee, hoezee, hoezee!

Het nieuws verspreidt zich snel. Overal klinkt gejuich. De reservetroepen in uw ballen heffen het glas en zij die vielen geven elkaar high fives vanuit hun opgedroogde plek in het schaamhaar van uw vrouw.

Nu begeleidt uw kopman zijn rondemiss naar de baarmoederwand, waar het duo zich nestelt. Daarbij kan wat bloed vloeien, maar waar gehakt wordt, vallen spaanders, weten u en uw leger van miljoenen gesneuvelden als geen ander. Niet over zeuren dus.

Vanaf nu is het nog slechts een kwestie van wachten en groeien. Een eitje vergeleken bij de ontberingen die Uw Zoon tot dusver heeft doorstaan. Aan het einde van de eerste maand is Uw Zoon i.u.* al zo groot als een roulettebalthey en hij weegt zoveel als een cashewnoot.

Verder is er, in tegenstelling tot wat alle andere zwangerschapskalenders beweren, nog niets belanghebbends over hem te melden en dat doen we dan ook niet.

Maand 2

Uw Zoon i.u. krijgt darmen, ogen, tenen, ruggenmerg, *the works*. Alles wat-ie straks als mens ook heeft, maar dan kleiner. Hij lijkt nu op een kikkervis en hij heeft zwemvliezen tussen zijn vingers en tenen. Handig, want hij zit de hele dag in het nat. Verder heeft hij een staart. Die verdwijnt nog, als het goed is. Zijn lengte: een centimeter of twee – de diameter van een tafelvoetbalballetje – en hij weegt ongeveer net zoveel als een plak gebraden gehakt.

Maand 3

Uw Zoon i.u.'s nieuwe lichaamsdelen in deze maand: neus, oren, melktandjes, nageltjes en niet onbelangrijk: een geslachtsorgaan. Hij (Uw Zoon i.u., niet zijn geslacht) is een dikke zeven centimeter. Een snookerbal. Gewicht: een kipnugget.

* In uitvoering.

Maand 4

Uw Zoon i.u. (hoofd zo groot als een golfbal, handen als knikkers) spartelt nu als een gek, de baarmoeder is een poel van jolijt. Uw vrouw krijgt bandenpijn.* Uw Zoon i.u. wordt zwaar: hij weegt zoveel als een rookworst en is zo'n achttien centimeter (een volleybal).

Maand 5

Uw vrouw begint de baby te voelen. Uw Zoon i.u. gebruikt haar buikwand als drumstel. Dat is gezellig voor 'm want hij kan nu ook geluidjes horen. Veel vrouwen gaan, tot schaamte van hun man, met zo'n zilveren balletje voor hun buik lopen.

Maar het kan altijd erger: ik heb wel eens een foto gezien in een jaren-zeventigboek over zwangerschap, waarop een man met een baard en een bruine trui bloedserieus voor de buik van zijn zwangere vrouw op een blokfluit staat te

IMPRESS YOUR WIFE 'Er is een onbedwingbare drang om zonder enige aanleiding de foetus te bestoken met de meest vreemdsoortige prikkels. Hierbij moet u zich realiseren dat verschillende onderzoekers hebben aangetoond dat geluid van buitenaf niet gedempt wordt, maar versterkt bij de foetus aankomt. Een klein belletje dat rinkelt op de buik van de moeder, zal voor de foetus mogelijk klinken als een continu luidende kerkklok. De foetus vindt dat waarschijnlijk onaangenaam.' Citaat van Dr. J.G. Nijhuis, hoogleraar obstetrie aan de Faculteit der Geneeskunde van de Universiteit Maastricht. Dat wist uw vrouw niet. (NB: Wil ze desondanks toch zo'n belletje hebben, geef haar dan voor uw eigen bestwil een belletje, Basisregel II indachtig.)

* Zie de verklarende woordenlijst.

blazen. God verhoede dat u zichzelf ook op een dergelijke manier onsterfelijk belachelijk gaat maken.

Mocht u er trouwens behoefte aan hebben: vanaf maand 5 kan met een echo gezien worden of Uw Zoon i.u. echt wel een zoon wordt.

Zo niet, dan heeft u nog vier maanden de tijd om te wennen. Uw vrouw gaat het namelijk niet leuk vinden als u bij de bevalling teleurgesteld blijft zoeken of uw dochter toch niet ergens een piemel heeft.

IN HET BUITENLAND In Europa wordt er tijdens de zwangerschap iedere maand een echo gemaakt. Check, check, dubbelcheck. In Nederland uiteraard niet. Hier wordt één echo vergoed, rond week 11–13. Als u daarna nog een paar keer met uw eigen ogen wilt zien of alles wel in orde is met Uw Zoon i.u., heten dat pretecho's*. En die kosten geld. Ons ben zuunig. Als u bij de echo aanwezig bent, schrik niet. Uw Zoon i.u. lijkt een gabber te worden met zijn roenkedoenkedoenkedoenkedoendoenk-hartslag van 120 bpm. Dit schijnt normaal te zijn voor een foetus.

Uw Zoon i.u. is ondertussen trouwens een kleine vijfentwintig centimeter lang (een basketbal) en weegt zoveel als een flinke biefstuk.

Maand 6

Uw Zoon i.u. wordt een stevig baasje. Hij meet pak 'm beet dertig centimeter (een strandbal) en weegt een kilo. Hij begint knel te zitten. Uit met de pret van het koppeltjeduiken.

* Zie de verklarende woordenlijst.

Maand 7

Uw Zoon i.u. weegt zoveel als een sixpack en meet vijfendertig centimeter (een autostuur).

Hij kan vanaf nu gaan indalen* in de richting vanwaar hij ooit naar binnen is gekomen, namelijk het geboortekanaal* (zo heet dit deel van uw vrouw tegenwoordig). Als het goed is ligt hij *head first*. Zo niet, dan spreken we van een stuitligging* en komt er straks misschien een keizersnee.

U zou hem nu kunnen horen, als u met een wc-rol op de buik van uw vrouw gaat luisteren. Ieder zijn meug en alles beter dan zo'n blokfluit, maar áls u hieraan begint, doe dan wel even de gordijnen dicht.

Maand 8

Uw Zoon i.u. kan de hik krijgen, letterlijk dan. Komt door het drinken van vruchtwater. Geen paniek. Hij is een centimeter of veertig (een autoband van een Japanse middenklasser) en weegt rond de twee kilo (een watermeloen).

Maand 9

Uw Zoon i.u. is klaar. Vijftig centimeter (een skippybal) en een dikke drie kilo (een magnumfles champagne). Five, four, three, two, one... *Thunderbirds are go!*

Zo. Veel meer is er niet over te vertellen. Alle overbodige kennis is ballast.

* Zie de verklarende woordenlijst.

Nesteldrang

Na de informatiegeilheid, die direct na de ontdekking van de conceptie optreedt, krijgt uw vrouw reeds enkele dagen later een tweede bijwerking. Nesteldrang. Nog geen week na de Predictor kregen mijn vrouw en ik een zakelijk verschil van mening over het te voeren beleid inzake de inrichting van de babykamer. Het was zondagmiddag, 13.20 uur.

'Schat, ik ga zo.'

'Huh? Waarheen?'

'Ajax-Willem II.'

'O?' Mijn vrouw keek beteuterd. 'Maar... we zouden vanmiddag toch samen over de babykamer gaan praten...' Ik zag een gids van Prénatal en een catalogus van Kids Factory op tafel liggen, allebei met een heleboel gele plakkertjes ertussen.

'Lieverd, we hebben volgens mij nog een dikke zevenendertig weken te gaan voor je bevalt,' lachte ik. (De oplettende lezer ziet direct de beginnersfouten die ik hier maakte: met deze redenering zondigde ik tegen beide Basisregels van de zwangerschap).

Haar blik veranderde.

'Goed,' snauwde ze, 'als jij Ajax belangrijker vindt dan de plaats waar ons kindje komt te slapen, dan weet ik genoeg.'

'Lieverd, ons "kindje" is momenteel nog niet meer dan een rijstkorrel,' wierp ik tegen, een ijzersterk argument, dacht ik, tot ik de Kids Factory-catalogus tegen mijn hoofd kreeg. Ik zit niet snel zonder weerwoord, maar nu schoot me niets te binnen.

Een uur later (Ajax won die middag met 5–1, zag ik op teletekst) hadden we virtueel al dik duizend euro uitgegeven. Ik werd helemaal gallisch van alles wat in een babykamer hoort, omdat dat nou eenmaal zo hoort, aldus mijn vrouw en de copywriters van Kids Factory en Prénatal.

De logica achter de inrichting van een babykamer is voor mannen niet te begrijpen. Waarom dingen die met baby's te maken hebben ineens een naam moeten krijgen waarvan je als man nooit gehoord hebt, en dan ook meteen de helft duurder moeten zijn, weet niemand. Neem nou een commode*. Een commode is gewoon een kastje. Een kastje van ongeveer een meter hoog, waarop de baby straks verschoond gaat worden. O, dat komt goed uit, daar heb ik er nog eentje van in de berging staan, denkt u. Een lik lichtblauwe verf, en klaar is Kees, hoor ik u zeggen.

'De Mantra. Dit lieve peuterbedje koop je onbehandeld, maar kan door jezelf of door ons deco-team omgetoverd worden tot bijvoorbeeld deze kikkerprins!' (Deco-team. Het staat er. Echt. Op www.kidsfactory.nl)

Maar nee, Kees is helemaal niet klaar.

Waarom niet? Omdat uw vrouw geen kastje wil in de babykamer, maar een échte commode, daarom niet.

En zo gaat het door, tot de babykamer vol staat met spullen-die-nou-eenmaal-in-een-babykamer-horen. Het voert te ver om een volledige opsomming te geven. Laat ik wel even vertellen wat voor spullen er – volgens uw vrouw en de door haar *gebookmarkte* websites – in ieder geval níét in horen.

In een babykamer, of beter, in een babyleven, horen géén tweedehands spullen.

* Zie de verklarende woordenlijst.

'Je kunt nooit weten wat ze met zo'n stoeltje hebben gedaan.'

Volgens mij kun je dat juist wel weten, ik heb namelijk sterk het vermoeden dat daar een baby in heeft gelegen. En ja, inderdaad, die baby zal hebben gespuugd, gezeken en gescheten, want zo zijn baby's, maar als ik me niet vergis doet Unilever al decennialang de grootste moeite om ons duidelijk te maken dat ze wasmiddelen maken die zonder moeite de goorste vlekken uit uw onderbroek krijgen. Dus met dat beetje babyspuug en -poep zal het wel loslopen.

Helaas.

Als het om tweedehands babyspullen gaat, is uw vrouw met nog geen silo Megaperls te overtuigen. 'Jij wilt toch ook niet dat ons kind straks in het opgedroogde spuug van een andere baby ligt?'

En dus gaat u gewoon, net als iedere andere toekomstige vader voor u dat heeft gedaan, zaterdag na zaterdag langs Babymeubelparadijzen, Kids Factory's en Prénatal-winkels, om u te laten informeren over dingen waar u tot voor kort niet aan moest denken. Troost u, binnen een paar weken bent u de schaamte voorbij en betrapt u uzelf erop verwikkeld te zijn in een ernstig gesprek met de verkoopster over de ergonomische aspecten van de Bugaboo Frog en de Maxi Cosi.

Maxi Cosi? Dat dure autostoeltje? Bugaboo? Dat designwandelwagentje van bijna duizend euro? Zeg, doe even normaal, hoor ik u denken, er zijn veel goedkopere merken te krijgen, en die zijn net zo goed.

Uw verzet is aandoenlijk naïef. De handel kent uw vrouw beter dan uzelf. *Mark my words*: u gaat een Bugaboo-karretje kopen. En een peperdure Maxi Cosi. Alles nieuw, alles A-merk.

Voorbeeld. Een zaterdagmiddag tijdens de zwangerschap van mijn vrouw. Locatie: de drie verdiepingen hoge Prénatal-megastore in Amsterdam-Zuidoost, naast de Amsterdam ArenA.

'Goh, kom ik hier ook nog eens in de buurt,' grapte ik.

Geen antwoord.

Nog voor we de verdieping van matrasjes, Bugaboo's en Maxi Cosi's bereikten, waren we al een maandsalaris lichter aan maatje 50/56-rompertjes* en broekjes, sokjes, slabbetjes en dat 'o-kijk-toch-'ns-wat-een-snoezig-jasje-met-die-beertjes-daar' van € 89,90. Eenmaal boven wachtten mijn vrouw en ik netjes op onze beurt tot er een verkoopster klaar was met het belazeren van andere zwangere ouders.

Daar kwam ze. 'Hallo, kan ik jullie helpen?'

'Ja, we zoeken een Maxi Cosi,' zei mijn vrouw.

'Nou, nee... we zoeken een *auto*stoeltje,' corrigeerde ik en vroeg wat het verschil was tussen zo'n Maxi Cosi van tweehonderd euro en die autostoeltjes die ze bij Hallfords verkopen, voor de helft van het geld.

'Dat is een goede, en heel terechte vraag,' glimlachte de verkoopster. Ze begon het ons omstandig uit te leggen en ik moet bekennen dat die TÜV- en TNO-stickers, de PRIORI XP-(eXtra Protection) en RODI SPS (Side Protection System)-labels en de bijgesloten ECE R44/03-leaflet van die Maxi Cosi toch wel een veilig gevoel gaven voor als we straks met Lassie en zijn onvolgroeide fontanelletjes met honderdtwintig over de A2 zouden razen. Weer tweehonderd euro lichter.

Het volgende item op ons things-to-buylijstje was een matrasje. Die lagen op de tweede verdieping. Nu was ik aan zet. Twee keer zoveel voor een autostoeltje betalen, *soit*, maar

* Zie de verklarende woordenlijst.

een matrasje is een matrasje. Lassie zou echt geen hernia krijgen van het liggen op een simpel matrasje als hij in de maanden daarvoor dubbelgevouwen in de baarmoeder van mijn vrouw had gezeten.

'Mag ik u wat vragen, mevrouw?' vroeg ik aan de verkoopster van deze afdeling, een oudere dame.

'Ik zag bij de Beddenkoning op de Albert Cuyp een babymatrasje van 19 euro,' begon ik poeslief. 'Deze kost 59 euro. Kunt u me uitleggen wat het verschil is tussen die twee?'

Er volgde een meewarige blik in mijn richting en een blik van verstandhouding met mijn vrouw. Personeel in die babywinkels wordt daarop getraind, op die blik, dat kan niet anders. Zoals autoverkopers erop worden getraind om de klant zo snel mogelijk koffie aan te bieden.

Ik stond me te verkneukelen. Als dat mens nu over de kwaliteit van de springveren en het soortelijk gewicht van het vulsel van de matras zou beginnen, zou ik haar in haar gezicht uitlachen en haar fijntjes in herinnering brengen dat Lassie straks hooguit drie luizige kilootjes gaat wegen.

Verkoopkwaliteiten zijn makkelijk te onderschatten.

'Tja,' knikte ze. 'Het gaat natuurlijk wel om het ruggetje van uw kind en die moet er de eerste maanden elke dag op liggen.'

Met een Maxi Cosi, twee zakken vol kleertjes en een babymatrasje ter waarde van een Champions League-ticket (1e ring) liepen we naar onze auto in het Transferium onder de ArenA.

Voedings- en genotsmiddelen tijdens de zwangerschap

Er wordt beweerd dat er tijdens de zwangerschap niet mag worden gedronken en gerookt. Onzin. U mag zoveel roken en drinken als u wilt. Alleen uw vrouw niet.

En dan nog. Velen van u zijn geboren in de jaren zestig en zeventig, gezond en wel, en u leeft nog steeds, anders had u dit niet gelezen. Denkt u echt dat onze moeders hun pakjes Belinda menthol, hun flessen Matheus rosé en glaasjes Sandeman hebben afgezworen toen ze zwanger van ons waren? Onze hele economie had op zijn gat gelegen! Ik kan me niet eens voorstellen dat mijn moeder toen ze zwanger was al wist van de lysteria*-bacterie en andere boosaardige types die het op mijn tere foetuslijfje gemunt hadden. Pure maz-

IMPRESS YOUR WIFE We gooien onszelf ons hele leven vol met kleur-, geur- en smaakstoffen, conserveringsmiddelen, alcohol en nicotine en als we zwanger zijn gaan we ineens panisch lopen doen over een toastje met camembert van Albert Heijn? Er wordt van een bacterie een olifant gemaakt. Pas als uw kaasboer zijn zachte kazen rechtstreeks van de steppes van Kazachstan laat komen of als hij ze wekelijks met kilo's tegelijk in de achterbak van zijn eigen auto bij dat bejaarde boertje in de Dordogne ophaalt, zou ik me druk gaan maken om de gezondheid van Uw Zoon i.u. De kans dat die lysteria-bacterie uw vrouw via een zompig vaatdoekje weet te infiltreren is duizendmaal groter dan via een zacht kaasje dat niet over de houdbaarheidsdatum heen is en keurig gekoeld is bewaard.

* Zie de verklarende woordenlijst.

zel dat je in 1964 in Tilburg nergens sushi, gorgonzola en filet americain kon krijgen.

Maar goed, als uw vrouw toch van plan is zich volledig te houden aan de richtlijnen en alleen voedings- en genotsmiddelen te consumeren waar Uw Zoon i.u. met 100% zekerheid geen last van krijgt, dan gaan we natuurlijk niet tegen Basisregel II in. In dat geval gaat u goedkope maanden tegemoet.

Uw vrouw schijnt ook te moeten uitkijken voor kattenuitwerpselen. 'Ach, die at ze toch al niet,' zegt u, en ik geloof u direct, maar als we de zwangerschapssites en -bladen moeten geloven mag uw vrouw de kattenbak niet eens meer

IMPRESS YOUR WIFE Het is met die boeken, tijdschriften en websites over zwangerschap net als met die sportkranten in Italië en Spanje: als je elke dag twintig pagina's vol moet schrijven over Barcelona of AC Milan, terwijl er helemaal niets te melden is, ga je er vanzelf wat bij verzinnen. Zo zijn er nu zelfs verloskundigen die zonder met de ogen te knipperen beweren dat uw vrouw deze maanden ook beter geen appeltaart kan eten. Zit kaneel in, en dat bevat dan weer een spulletje dat cumarine heet. Wetenschappers en diëtisten deden het haast in hun broek van het lachen toen deze verhalen de wereld in kwamen. Of het moet zijn dat uw vrouw de gewoonte heeft om dagelijks twee kaneelstokken, vier appeltaarten en een hele ontbijtkoek te eten. Dan wordt het tijd om te minderen.
Verder gewoon geen rauwe vis of rauw vlees eten, want daar heeft die lysteria-bacterie het namelijk prima naar zijn zin. En uitkijken bij het oversteken.

schoonmaken. Schijnt toxoplasmose* in te kunnen zitten. Hoe dat goedje dan weer in of op uw vrouw terecht zou moeten komen is mij ook een raadsel – ik heb nog nooit een kattendrol zien springen.

IMPRESS YOUR WIFE Mijn vrouw werd er helemaal gallisch van: avond aan avond sapjes, frisjes en theetjes drinken, van het begin van de zwangerschap tot de laatste druppel borstvoeding. Goed nieuws: vrijwel alle mixjes die nu populair zijn, zijn er in alcoholvrije varianten die heel goed (nu ja, best aardig) te drinken zijn. Toon uzelf een man van de wereld en bestel een Virgin Caipirinha of een Virgin Moijoto, want zo heten die dingen. Is het net of ze er toch nog bijhoort.

Dan drinken. Dat is één van de gunstige secundaire arbeidsvoorwaarden van de zwangerschap. Uw vrouw mag namelijk best af en toe één glaasje wijn drinken, dat gunt u haar natuurlijk van harte, maar zo'n fles moet natuurlijk toch op, want weggooien is zonde.

Nog nooit zoveel wijn gedronken als tijdens de zwangerschap van mijn vrouw.

* Zie de verklarende woordenlijst.

Hormonen

Humaan Chorion Gonadotropine*. Dat klinkt als een gif en dat is het ook. hCG is namelijk een zwangerschapshormoon, dat zó agressief is dat u zich de komende tijd gaat afvragen of u niet beter een kind had kunnen adopteren in plaats van maken.

hCG maakt huwelijken, vriendschappen en ons land kapot.

Daarom vind ik dat het hoog tijd is om man en paard te noemen inzake de teloorgang van waarden en normen. Dit wordt veroorzaakt door slechts één bevolkingsgroep.

Zwangere Vrouwen.

Hun gedrag is een onderschat maatschappelijk probleem. Een probleem, dat maar al te vaak met de mantel der liefde wordt bedekt, wordt vergoelijkt, door het noemen van het magische woord.

Hormonen.

Hormonen vormen een briljant verzonnen alibi voor het rechtvaardigen van asociaal gedrag van een hele bevolkingsgroep.

Ach, om die lieve, onschuldige menstruatiehormoontjes kon ik altijd wel lachen. Van die vertederende jeetje-heb-ik-mijn-huissleutels-toch-weer-op-de-keukentafel-laten-liggen-sms'jes. Schattig. Maar hCG is van een andere orde. Hoe lang zou ú ermee wegkomen bij uw vrouw, uw collega's en de koffiejuffrouw als u ze vanaf nu consequent ging

* Zie de verklarende woordenlijst.

afsnauwen? Wat zou uw vrouw zeggen als u maandenlang de ene huilbui met de andere vreetbui zou afwisselen, alsof het de normaalste zaak van de wereld is? Wat zou ze ervan vinden als u met een gevaarlijke regelmaat waardevolle din-

gen in huis zou omstoten of uit uw handen zou laten vallen? Of handige basisprincipes van het verkeer, zoals voorrang geven, ineens aan uw laars zou lappen?

En dat allemaal omdat 'uw hormonen opspelen'?

Van de tijd dat wij nog op bizons joegen tot nu, in de eenentwintigste eeuw, is er nog nooit één man in de wereldgeschiedenis geweest die last had van (zijn eigen) hormonen.

Probeert u zich eens voor te stellen: u hebt afgesproken met een maat om die dag te gaan vissen. Vlak voor u de deur uit gaat, gaat de telefoon. 'Ik ga niet mee, ik zit vandaag niet zo lekker in mijn vel.' Onmogelijk. Sciencefiction. Als een man niet lekker in zijn vel zit, trekt hij zich af en gaat-ie daarná gewoon vissen.

Hou me ten goede, ik zeg niet dat ik nooit chagrijnig ben, ik ben ook maar een mens. Vraag maar aan de mannen van parkeerbeheer, de scheidsrechters die ons op zaterdag fluiten of de verkoopsters van Prénatal in Amsterdam Zuidoost. Maar dat zijn, zoals u ziet, vrijwel altijd externe factoren.

De gemoedstoestand van mijn vrouw daarentegen; het is alsof haar lijf zo kwaad was dat het plotseling werd opgescheept met ver-

Niet doen tijdens de zwangerschap De hormonen maken uw vrouw nogal gevoelig dezer dagen. Vijf films en televisieprogramma's die u haar tijdens de zwangerschap beter niet kunt laten zien:

1. Rosemary's Baby
2. The Hand that Rocks the Cradle
3. De Bevalling op SBS6
4. De kleine blonde dood
5. Finding Nemo

moeide benen, een protesterende maag en ander ongemak, dat het besloot het baasje en haar man eens terug te pakken en de boel van binnenuit te saboteren.

Mijn vrouw werd geherprogrammeerd door haar eigen lichaam en ze had het amper door.

Ik wel. Binnen een maand na de bevruchting bad ik God op mijn blote knieën om kracht.

Mijn vrouw, met wie ik ooit ben gaan samenwonen omdat ze zo'n fijn mens was om mee te leven, het type dat niet meteen gaat zeiken als je een uurtje later dan beloofd uit de kroeg komt, onderging binnen een paar weken een metamorfose. De hormonen hadden de tent overgenomen. Zuchten, zeuren, zeiken – ik kon geen goed meer doen. Ik boog (Basisregel 1, weet u nog) zo vaak en zo diep dat ik er een hernia van vreesde te krijgen.

Het hormonenprobleem werd die eerste maanden zo hevig, zo allesoverheersend in onze relatie, dat ik bang begon te worden dat ik een grote fout had begaan door haar tijdens een romantisch etentje toe te fluisteren dat ik graag een kind van haar wilde. Dat ik een afgrijselijke blunder had begaan door mijn zaad de vrije loop te laten, wetende dat daar wel eens een klein Kluuntje van kon komen. Na twee maanden wist ik niet eens meer hoe mijn vrouw was geweest vóór de zwangerschap. Ik kreeg visioenen dat het nooit meer goed zou komen. Dat ik me over een jaar of vijftien tegenover Lassie zou moeten verantwoorden. 'Sorry jongen, ik weet het, je moeder is een bitch, maar voor ze zwanger werd, leek ze echt heel leuk.'

Er gingen drie maanden voorbij. Mijn vrouw had nog niet eens een buik en haar borsten waren nog precies hetzelfde als voorheen, maar toch begon zij zich al druk te maken of haar buik straks weer plat zou worden en of haar tieten niet de vallende ziekte zouden krijgen.

Ik niet. Het zou me allemaal worst wezen. Ik wilde simpelweg de vrouw terug die ik ooit zwanger had gemaakt. Met buik of hangtieten, dat was me om het even. Als die hormonen maar zouden opdonderen.

En toen voltrok zich het wonder. Na een maand of drie en een half trokken de hormonen zich terug. Net zo plotseling als ze gekomen waren. Mijn vrouw lachte weer, er werd minder tegen me gesnauwd en er werd weer tegen en zelfs mét me gepraat.

De hemel zij gedankt: ik had mijn vrouw terug!

De buik

Bij het aankleden 's ochtends merkte ze het het eerst aan die jeans die steeds moeilijker dichtging.

'Ja, ik begin nu toch echt een buikje te krijgen, hoor,' zei ze vertederd, toen ze op een dag in de spiegel keek. Ze wreef liefkozend over de net zichtbare bolling, het eerste echte bewijs dat er iets aan het groeien was daarbinnen. Ik zag in haar ogen dat ze zich meer vrouw voelde dan ooit tevoren.

Het bleef niet bij een bolling. Het buikje werd een buik en haar hele lichaam begon te veranderen. Ik vond het prachtig. Mijn vrouw niet. Kijkend in de spiegel dacht ze niet langer aan wat er voor liefs binnenin zat, maar hoe de buitenkant eraan toe was. En dat beviel slecht. Haar taille, die in een paar weken opeens verdwenen was. Haar borsten, die nu een cup in omvang waren toegenomen en dikke blauwe aders hadden. Haar tepels die groter waren geworden en van kleur waren veranderd. Een striem.

'Ik zie er niet uit, hè?'

'Dat valt wel mee.'

'Nee, dat valt *niet* mee. Ik zie je wel kijken.'

'Goed, dan valt het niet mee.'

'Zie je wel! Van jou moet ik het ook al niet hebben.'

Meeveren, dacht ik. Niet in discussie gaan.

Ze keek nog een keer in de spiegel. 'Nee. Ik zie er echt niet uit met die stomme buik.'

'Maar je buik ís nog helemaal niet zo dik, schat!'

'Nee, en dat maakt het helemaal erg!'

'Huh?'

'Straks denken de mensen dat ik er *altijd* uitzie als Bessie Turf.'

Rare jongens, die vrouwen.

Als cadeautje drie van die hippe banden gekocht, voor om haar buik. Dat hielp. Ze moest even wennen, maar begon ze toen dagelijks te dragen, kwam weer onder mensen en werd trots op haar buik en op wat die symboliseerde.

En ik niet minder. Daar, onder die band, nu goed zichtbaar voor iedereen, zat Mijn Lassie.

IMPRESS YOUR WIFE Uw vrouw is de komende maanden niet van de feesten en partijen. Het is geen prettig vooruitzicht om op het jaarlijkse kerstgala van de zaak tussen alle bevallige avondjurkjes en strakke truitjes rond te hobbelen op platte schoenen en in een zwangerschapsbroek van H&M. En ik moet u ten stelligste afraden om voor te stellen dan maar in uw eentje te gaan. Een beter plan: bij die ene winkel waar ze de zwangerschapskledij verkopen die uw vrouw te duur vond, hadden ze toch van die buikbanden in zilver, goud en glitterspul? Laat merken dat u trots bent op haar buik: verras haar met zo'n ding. Uw vrouw loopt op de eerstvolgende borrel niet rond als een vrouwelijke versie van Theo van Gogh (met bijbehorende ongelukkige blik), maar als een trotse *Queen of Pregnancy*. (Bijkomend voordeel: raad eens wie er terugrijdt...)

Ontbijt op bed is verplicht! 'Zorg dat je ontbijt op bed krijgt. In ieder geval zolang je misselijk bent, maar langer mag natuurlijk altijd. Een beschuitje of een crackertje met een kopje thee, (...) nog even lekker blijven liggen en dan op je gemak opstaan.'
(www.predictor.nl weet hoe ze vrouwen te vriend moet houden.)

De eerste maanden zijn dus niet gemakkelijk. U krijgt voor het eerst in uw leven last van hormonen.

Toch gebiedt de eerlijkheid te zeggen dat de zwangerschap voor uw vrouw ook geen pretje is. Dat zal ik u aantonen aan de hand van ons volgend practicum, een rollenspel.

PRACTICUM

U gaat vanavond de kroeg in en zuipt u daar helemaal klem. U leest het goed. Gewoon doen. Liefst van alles door elkaar, gooi er maar flink wat bier in, een paar wodkaatjes en tussendoor nog een bacootje of een Flügel. Oké? En nu gaan slapen.
Deze nacht gaat u overgeven. Zet u geen wekker, u wordt vanzelf wakker. Een halfuur later herhaalt u deze oefening naar alle waarschijnlijkheid nog een keer. En dan de apotheose, het uiteindelijke doel van ons practicum: de hele ochtend blijft u kotsmisselijk. Bij de minste foute beweging of voorbijtrekkende etenslucht komt de hele handel er weer uit.
De kans is groot dat uw vrouw zich de eerste maanden iedere ochtend zo voelt. Alsof ze geen baby, maar een fles of drie Amaretto in haar lijf heeft drijven.

IMPRESS YOUR WIFE A. Vogel heeft een homeopathisch middel tegen kotsen, dat ook tijdens zwangerschap mag worden ingenomen. Het heet NUX Vomica D4. Of het helpt mag Joost weten, maar u scoort er in ieder geval punten mee bij uw vrouw.

Soms denk je wel eens dat God wat programmeerfoutjes heeft gemaakt toen hij ten behoeve van de voortplanting het concept van zwangerschap bedacht. Had hij, nu hij toch bezig was, niet beter een variant op die onbevlekte ontvangenis van Maria kunnen ontwikkelen, en daar de hele wereldbevolking van kunnen laten profiteren? Dat je – ik noem maar iets – wél moet neuken om een kind te kunnen krijgen, maar dat die hele toestand dan direct na de bevruchting kan worden verplaatst naar een pop met een elektrisch verwarmde onderkant, om het uit te broeden? Of naar een soort megareageerbuis, waar hij de eerstkomende negen maanden vrolijk in groeit en lekker naar buiten kijkt? Zo heeft hij tenminste nog wat aan zijn in de derde maand verkregen oogjes. En die bloederige bevalling zou ook mooi passé zijn (want dat wordt ook geen feest, kan ik u nu al zeggen). Over onbevlekte ontvangenissen gesproken.

Het zou een hoop ellende besparen. Uw vrouw weet namelijk nog niet half wat er de komende maanden met haar staat te gebeuren.

We hadden het al over haar hormonen en de ochtendmisselijkheid. Daar blijft het niet bij. Haar benen voelen aan alsof ze de marathon van New York heeft gelopen, en terug. Haar borsten worden nog voller en groter en (of 'maar', zo u wilt) doen al pijn als u ernaar kijkt. Haar emoties, gevoel, smaak, geur en gehoor: alles gaat op de schop. Dat kan zich uiten in de meest bizarre allergieën. Koffie, thee, vette happen, vlees, toeterende automobilisten, al te hevige orgasmes, Radiohead en films waarin kinderen doodgaan zijn bekende *Angstgegners* van zwangere vrouwen. Daarentegen worden zure bommen, ijs, drop, bloemetjes, bijtjes, Skyradio en knuffelseks plotseling mateloos populair.

Verder kan ze last krijgen van winden, snurken, maagzuur, spataderen, aambeien, *bad hair days*, bandenpijn, rugpijn, schaambeenpijn, bloedend tandvlees, incontinentie, dikke voeten en vingers, slapende handen en wildvreemde mannen die ineens denken dat ze haar buik mogen aanraken.

En *last but not least*: zwangerschapsdementie. Het bestaat, geloof me. Vergeleken bij mijn vrouw ten tijde van haar zwangerschap behoort mijn tante Gonnie (die in zo'n verzorgingstehuis zit waar ze de patiënten wel vragen of alles goed gaat vandaag, maar gezien de tijdsdruk niet wachten op het antwoord) tot de intellectuele elite van ons land.

IMPRESS YOUR WIFE Zwangerschapsdementie schijnt veroorzaakt te worden door een verminderd dha-gehalte in de hersenen. Dat is aan te vullen met het eten van vette vis. Dus als uw vrouw op een dag terugkomt van de supermarkt en haar hele tas boodschappen of haar auto is vergeten: hup, in gestrekte draf op de haringkar af. Even dha bijtanken.

Mijn vrouw vergat vanaf de eerste week na de Predictor spontaan afspraken, parkeermeters, sleutels, mij, statiegeldbonnetjes, elementaire beleefdheidsvormen en verjaardagen. Tante Gonnie daarentegen vergeet mijn verjaardag nooit. Ik krijg vier keer per jaar een kaart met geld erin.

Doodeng vond ik het. Ik hield mijn hart vast dat ze ook ineens hele dagen zou gaan zitten kwijlen, zoals tante Gonnie.

Seks tijdens de zwangerschap

Nee, dat was flauw.

Seks behoort absoluut nog tot de mogelijkheden, fysiek gesproken althans. Zelfs tegen de uitgerekende datum, zolang het vruchtwater nog niet gebroken is, kan het allemaal nog best. En nee, uw baby voelt er echt niks van. Er bestaat geen enkele kans dat de penis tot de foetus kan doordringen. Nee, ook niet die van u. Uw Zoon i.u. zit goed verpakt in vliezen en vruchtwater en is bovendien van de buitenwereld afgesloten door een slijmprop. Hij voelt en ziet niks, hij houdt er dus geen deukjes in zijn hoofd van over en hij kan er ook geen trauma van krijgen waardoor hij later bij een kinderpsycholoog allerlei nare tekeningen gaat maken – Uw Zoon i.u. vindt het best als zijn moeder vrolijk doorsekst tot vlak voor zijn geboorte.

Met die moeder ligt het wat minder eenvoudig, letterlijk en figuurlijk. Behalve haar buik zitten ook de hormonen – wéér die kloothommels – dwars. Bij ons thuis jankte de frequentie waarmee wij elkander bestegen naar beneden. Het moyenne had sinds mijn zestiende niet zo laag gelegen.

Het moment waarop God liet blijken dat hij wel degelijk snapt hoe mannen in elkaar zitten, kwam zo rond de aanvang van het middelste trimester, tegelijk met het terugtrekken van de hormonen. Mijn vrouw kreeg ineens net zoveel

IMPRESS YOUR WIFE Seks kan zelfs de bevalling op gang brengen, als Uw Zoon i.u. na negen maanden nog altijd geen aanstalten maakt om eruit te komen. Als uw vrouw klaarkomt, stimuleert dit de spieren van de baarmoeder en dat kan weeën opwekken. En in sperma zit prostaglandine, een hormoon dat de baarmoederhals zachter en soepeler maakt. Vraag niet hoe het kan, maar profiteer d'rvan.

zin in seks als in haring. Bloedjegeil met een sterretje.

Verwacht niet van uw vrouw dat ze met zo'n buik gezellig boven op u komt paardrijden, of dat ze, zoals voorheen, haar benen in haar nek legt. En op handen en knieën zitten met een gewicht van een paar kilo in haar buik is ook geen onverdeeld genoegen, zo heb ik me laten vertellen.

Daarom is voor zwangerschapsseks de Aangespoelde Walvis-positie uitgevonden. Zij op haar zij, haar buik als een zak aardappelen voor zich op het bed, u knus erachter. Met een beetje passen en meten moet het dan nog wel lukken, tot in de laatste maand toe.

Goed, zo'n zwangerschapsbuik is niet je van het wat de seksuele aantrekkingskracht betreft, zelfs niet als je meer op rond dan op slank valt, maar die borsten! Niet te versmaden. Nee, mij hoorde je niet klagen. Mijn vrouw ook niet. Zwangere vrouwen krijgen een betere doorbloeding in de vulva en de schaamlippen. Het wordt allemaal wat gevoeliger. Vanwege de veranderde aanblik – het gaat er gevaarlijk paars en opgezet uitzien daar – informeerde ik voorzichtig vanuit mijn ingenomen stelling tussen haar dijen of het allemaal wel goed ging.

'Bek houwen en doorgaan.' Het snauwen was nog niet geheel uit de lucht.

Vlak daarna schreeuwde ze het uit en klapte bijkans dubbel. Hetgeen ik uiteraard, u weet hoe mannen zijn, weet aan mijn eigen onvolprezen orale techniek.

Ik glimlachte zelfvoldaan, kuste teder haar buik en keek zelfgenoegzaam omhoog. Ze had een verwrongen blik. 'Was het zo lekker, schat?'

Ze schudde wild met haar hoofd en greep naar haar buik.

‘Nee?’

‘Heel erg nee,’ kreunde ze. ‘Alsof ik scheurbuik had.’

Hm. De dag erna toch nog eens proberen.

Zelfde euvel.

Een telefoontje met de verloskundige bracht uitkomst. Dit was nou bandenpijn. De spieren die de baarmoeder ondersteunen doen vrolijk mee in de feestvreugde, en klaarkomen voelt als weeën krijgen. ‘Als u er echt last van heeft, zal het toch bij knuffelen moeten blijven, vrees ik,’ lachte de verloskundige.

‘Ik word gek van die klotezwangerschap,’ zei mijn vrouw kwaad, toen ze ophing. ‘Geen rosbief, geen filet americain, geen sushi, niet meer roken, niet meer drinken, en nu ook al niet meer klaarkomen, godverdomme.’

De verloskundige

‘Wanneer moeten we u bellen?’

‘Als de vliezen zijn gebroken.’

‘Oké.’

‘Maar niet als dat midden in de nacht is.’

‘Waarom niet?’

‘Omdat ik dan slaap.’

‘O. Wanneer dan wel?’

(lachend) ‘Gewoon, de volgende dag, na negenen.’

‘Is het dan niet te laat?’

(glimlachend) ‘Nee, het kan nog dagen duren als de vliezen zijn gebroken.’

‘O. Dat wist ik niet. Maar voor mijn begripsvorming: als de vliezen breken, is dat een teken dat het hele spul gaat beginnen.’

‘Dat kan, maar hoeft niet.’

‘Niet?’

‘Nee. Het kan zijn dat de vliezen pas breken als de weeën al begonnen zijn.’

‘Aha! En in dat geval bellen we natuurlijk al meteen bij de eerste wee.’

‘Nee hoor.’

(zucht) ‘Maar wanneer moeten we u *dan* bellen? Als het hoofdje te zien is?’

(lachend) ‘Als de weeën zo om de drie minuten komen...’

‘Oké! Even kijken of ik het snap: ik bel dus óf zodra de vliezen zijn gebroken óf als de weeën om de drie minuten komen.’

‘...en minimaal een minuut duren.’

'Wie?'
'Die weeën.'
'Ah. Juist ja. En dan komt u?'
'Ja. Dan kom ik even kijken.'

'Even?'
'Ja. Als er te weinig ontsluiting* is, ga ik natuurlijk weer.'
'Hoezo, natuurlijk?'
(lachend) 'Anders zou ik hele dagen niets anders doen dan het begeleiden van vrouwen die weeën hebben.'
(mompelend) 'Maar da's toch ook uw vak?'
'Wat zegt u?'
(zucht) 'Laat maar. En wanneer komt u dan terug?'
'Als de weeën om de twee minuten komen.'
'Maar dan is het toch al bijna zover?'
'Dat valt best mee. En dan ben ik er binnen een halfuur.'
'Brrr... Ik word nu al nerveus.'
(lachend) 'Kom, kom, er zijn al miljarden vrouwen ter wereld bevallen, hoor.'
'Maar niet die van mij.'

IN HET BUITENLAND Meer dan 90% van de bevallingen in de ons omringende landen vindt plaats in het ziekenhuis of in speciale kraamklinieken. Daar zijn, vanaf de eerste weeën, verloskundigen en gynaecologen continu binnen handbereik. Vierentwintig uur per dag, zeven dagen per week.

* Zie de verklarende woordenlijst.

Zwangerschapscursussen

> 'Een bevalling hoeft geen pijn te doen. Dat is het uitgangspunt van de cursus Psychoprofylaxe. Door heel bewust en gericht adem te halen, wordt de bevalling minder pijnlijk. De pijn wordt vooral veroorzaakt door de gedachte dat het pijn doet.'
>
> 'Zingen is niet alleen ontspannend voor jou, maar ook voor je baby. Want als jij er vrolijk van wordt, is het ook goed voor je baby! En door middel van zingen kun je contact maken met de baby in je buik. Daarom zijn er speciale zanggroepen voor zwangere vrouwen.'
>
> 'Met de cursus Cesar kun je de emoties die je met de bevalling beleeft, na de bevalling op een positieve manier verwerken.'
>
> (www.jongegezinnen.nl zet de voordelen van diverse zwangerschapscursussen uiteen.)

Zwangerschapscursussen geven uw vrouw een vermeende controle. Ze krijgt het gevoel dat een bevalling best te behappen is, als je maar weet wat er gaat gebeuren en hoe je daar op in kunt spelen.

Laat haar in die waan.

Alles wat tegenwicht biedt aan de horrorverhalen die uw vrouw te horen krijgt van vrouwen die ooit al een kind gebaard hebben, is meegenomen.

Zwangerschapscursussen zijn er in alle soorten en maten. Pufcursussen, psychoprofylaxe, Cesar, zwangerschapsgymnastiek, zwangerschapszwemmen, zwangerschapsfitness, zwangerschapsaerobics, zwangerschapsmassage, zwangerschapshypnose, zwangerschapsyoga, zwangerschapsmensendieck, zwangerschapsdansen, Zingen voor Zwangeren, ouderschapscursussen, zelf bedenk je het niet.

Alle cursussen hebben één ding gemeen: vroeg of laat vraagt uw vrouw of u meegaat. Mannenavond. Mannenavond betekent dat u in het bijzijn van acht andere mannen, onder aanvoering van de pufjuf 'pff... pff... pff... pffffffffffff' mee moet gaan blazen.

IMPRESS YOUR WIFE Heb ik u door de beknopte Zwangerschapskalender voor mannen al veel tijd bespaard, bij deze wederom een tijdbesparende tip: lees dit boek vanaf nu van achter naar voren. Zo hebt u de échte *Need To Knows* van de bevalling al paraat, terwijl uw vrouw in haar zwangerschapscursus nog druk bezig is met irrelevante materie als de anatomie van haar geboortekanaal. Mocht Uw Zoon i.u. dan besluiten om zich al in de achtste maand door dat geboortekanaal te wurmen, dan weet u in ieder geval hoe u dat varkentje moet wassen. Bijkomend voordeel: als u op gepaste momenten uw kennisvoorsprong over de bevalling even haar richting op bluft, dan komt uw vrouw met een beetje mazzel uit zichzelf tot de conclusie dat u geen baat heeft bij het meebeleven van de mannenavond van de pufcursus.

Er is maar één ding erger. Een vaderschapscursus. Inderdaad, een zwangerschapscursus voor mannen. Ikvader.nl organiseert workshops voor toekomstige vaders. Let op. 'Een boeiende avond waarop je o.l.v. een professionele trainer je Persoonlijk Vaderschaps Plan ontwerpt.' Praatgroepen voor mannen die zich willen voorbereiden op het vaderschap. Kom op, jongens... Als je in Vietnam hebt gezeten en hebt gezien hoe de benen van je maat door een landmijn werden weggeblazen, dán mag je in een praatgroep, maar niet als je vader wordt.

Mijn vrouw stelde zwangerschapshaptonomie voor. Ik hield me trouw aan Basisregel 11 en zweeg. Haptonomie kon de pufcursus vervangen, zei ze. Kijk, dat verandert de zaak, dacht ik. En Gullit en Van Basten gingen vroeger altijd naar die Ted Troost, ook een haptonoom, dus ja, dat leek me wel wat, haptonomie. Als Van Basten erheen ging, kon het nooit echt zweverig zijn, toch?

Toen ik binnenkwam zag ik het al. De haptonoom was zo'n man die zittend plast. Jos, heette hij. Jos begon met een uitleg over de anatomie van het geboortekanaal. Dat moesten we volgens Jos zien als een glijbaan, waarlangs de baby naar beneden moest glijden. Niet wurmen, maar glijden. Hoe? Door niet van je pijn weg te lopen, maar er juist naartoe te gaan. De Grote Truc, zei Jos, was dat mijn vrouw zich zou moeten aanleren om bij elke wee 'Open van Onderen' te zijn.

Ik had niet het idee dat dat het probleem zou worden (hoe dacht-ie anders dat ik haar zwanger had gemaakt), maar voor ik een gevatte opmerking kon maken, werd mijn vrouw door Jos verordonneerd haar broek uit te doen en werd ik op een kruk achter haar geplaatst. Even later hoorde ik ons bij elke denkbeeldige wee ritmisch het 'Open van Onderen'-mantra roepen, waarbij mijn vrouw zich moest voorstellen dat de hele boel daar beneden open zou liggen en dat Lassie, *woesshhhie*, langs de glijbaan naar beneden zou glijden. En ik moest erbij in haar dijen knijpen. Jos bevoelde schaamteloos de schaamstreek van mijn vrouw. 'Je moet nog meer ontspannen daar,' zei hij. 'Stel je maar voor dat je ademt door je vagina. Zeg het maar gewoon hardop. Toe maar.' Zo strak in de zweefmolen hadden we nog nooit gezeten.

Na een paar Open van Onderen's en Adem door je vagina's van mij en mijn vrouw stak hapto-Jos een hand op, ten teken dat we stil moesten zijn.

'Ja... ja... jaaaah.' Hij glimlachte. 'Je bent er al...'

Mijn vrouw en ik keken hem onnozel aan.

'Voel maar,' lachte de hapto en leidde mijn hand naar het kruis van mijn vrouw. Ik voelde niets wat ik nooit eerder had gevoeld.

Hiermee was de eerste les voorbij. Dit had weinig met Van Basten te maken.

De week erna – ik gedroeg me voorbeeldig, ging trouw weer mee en hield à raison van 75 euro per uur mijn lach in – kregen we nieuwe oefeningen. Nu was het de bedoeling dat ik mijn vrouw zou scheppen. Waar jij bij bent?, dacht ik. Bekijk het even. Maar Jos verstond onder scheppen toch iets anders dan mijn vrienden en ik vroeger in Tilburg. Bij het haptonomisch scheppen moest mijn vrouw op haar rug gaan liggen en moest ik mijn hand onder haar billen wurmen (ga er maar aan staan bij een zeven maanden zwangere vrouw), tot aan haar onderrug, en haar dan als het ware naar onder trekken, zodat haar kont lager zou komen te liggen. De zwangerschapsvariant op het uitrekken van Mel Gibson, op het eind van *Braveheart.* Scheppen is heel fijn voor je gaat slapen, zei Jos. Dan ontspant je rug. Er waren ooit spannender tijden in de slaapkamer.

De volgende oefening was Het Strand: mijn vrouw moest haar broek weer uitdoen, haar benen iets spreiden en ik moest deze keer plaatsnemen aan het voeteneind. Ik moest alle zeilen bijzetten om niet in het kruis van mijn vrouw te kijken. Gelukkig helpen die zwangerschaps-Sloggi's ook tegen ongewenste erecties. In deze oefening was mijn vrouw de zee en ik het strand, zei Jos. Langzaam bekroop me het gevoel dat we hier met een reïncarnatie van Ralph Inbar van doen hadden. Ik aarzelde. 'Toe maar,' zei hapto-Jos zacht. Hij pakte mijn handen, legde die op de heupen van mijn vrouw en gebaarde dat ik nu van boven naar onder over de benen van mijn vrouw moest wrijven. 'Zo zijn je handen de golven naar het strand,' zei hij erbij, 'en daarmee stroomt de moeheid haar benen uit.' Op het eind moest ik met mijn handen in de tenen van mijn vrouw knijpen en die even vasthouden. Wat dat met het strand te maken had, weet ik niet meer.

Om de tweede les af te sluiten kwam Jos met een skippybal aanzetten. Zitten op een skippybal ontspant het bekken, zo scheen. Mij leek het bloedlink, mijn vrouw was al maanden niet meer zo mobiel, en als ze van die skippybal zou lazeren, leek me dat niet bevorderlijk voor het bekken. Maar mijn vrouw zat al. Ook ik kreeg weer een functie. Ik moest achter haar op de skippybal plaatsnemen. Een hachelijke onderneming. Deze keer moest ik mijn handen om haar buik heen leggen (een hele opgave op zich), en dan die buik met mijn handen dragen. 'Ontspan... Laat je buik maar zakken,' zei Jos tegen mijn vrouw. Hij wachtte even, voelde aan de buik, aan mijn handen en keek mijn vrouw en mij veelbetekenend aan. 'Nu draagt je man het kindje...'

Mijn vrouw keek omlaag.

'Voel je het?' vroeg Jos met zijn handen op die van mij.

Mijn vrouw slikte en kreeg vochtige ogen.

De week erna was ik verhinderd. Afspraak met een klant die ik echt niet kon afzeggen.

De naam

Uw Zoon i.u. is nog een behoorlijk abstract schepsel. We hebben geen enkel aanknopingspunt hoe hij eruit zal komen te zien, voor hetzelfde geld komt er een konijn uit. Of – schrik niet – een dochter. In deze fase is niets onmogelijk.

Dat maakt het bedenken van namen niet makkelijk.

Een leidraad.

1. Noem uw zoon alleen naar uw vader als u direct na de geboorte uw schoonvader kunt beloven dat u en uw vrouw meteen verder gaan met het produceren van een tweede zoon, anders zijn de rapen gaar.
2. Uw Zoon i.u. naar uzelf noemen kan, maar is, laten we wel wezen, lichtelijk pedant. Bovendien werkt de toevoeging Junior, als u zich niet in maffiakringen bevindt, op de lachspieren.
3. Uw kind een naam geven van een bestaand iemand is risicovol. Veel namen roepen toch, hoe je het wendt of keert, nare associaties op. Idi, Osama, Lothar, Clarence, Kluun en Jan Peter: u kunt ze beter van uw longlist schrappen.
4. Alleen al het opperen van een naam (in het onverhoopte geval dat Uw Zoon i.u. toch een dochter blijkt te worden) van een ex of van die 'leuke collega van kantoor' kan een huiselijke kabinetscrisis tot gevolg hebben.
5. Als u zelf een naam gaat bedenken, neem dan geen modenaam, om te vermijden dat u straks op de crèche elke ochtend moet zoeken welk van de vier kledingvakjes met dezelfde naam ook al weer die van úw Tim, Tom, Thijs, Thomas, Sem, Sanne, Lotte, Anne, Anna, Tessa,

Isa en Emma was. En bent u moslim, dan zou het voor de verandering toch aardig zijn hem een keertje geen Mohammed of Achmed te noemen.

IMPRESS YOUR WIFE Regeren is vooruitzien. Op www.svb.nl staat de Top 20 van de populairste kindernamen van het moment. Zo kunt u voorkomen dat uw kind over vijf jaar Thomas VII of Anna XIX wordt genoemd door de juf op school.

6. Vieze woorden als Dick, Bill, Xaviera en Klaartje (ziet u het al voor zich, over veertien jaar, drie puistenkoppen op van die kutbrommers voor de deur, zingend 'Ik kom klaar, ik kom klaar, ik kom Klaaaaartje halen!'?): niet doen.
7. Elke naam die eindigt op -ick, -ijck en -ert, laat staan een dubbele naam (vergeet niet dat uw kind een mens is en geen fusie), is uit den boze. Uw kind kan niet zijn héle leven in het clubhuis van de hockey- of cricketclub slijten, omdat hij elders uitgelachen wordt.
8. De zogeheten creatieve namen: begin er niet aan. Dus niet de plaats waar u en uw vrouw elkaar hebben ontmoet (en zeker niet als dat was in Schin op Geul, Lloret de Mar of Café Lang Leve de Lol), niet de tijd wanneer dat was (er is geen kind dat graag Herfst, Vrijdag of December heet, in welke taal dan ook), niet een cultureel, historisch of antropologisch verantwoorde naam (géén Swahili-, Inca-, zenboeddhistische of Kamasutra-namen voor bloemen, moeder aarde, vagina, penis, zon of maan).
9. En zeker geen vernoemingen naar groten der aarde als Ghandi, Sinterklaas, Nelson Mandela, Jezus, Boeddha

en Johan Cruyff. U doet uw kind er geen plezier mee. En als het een meisje is al helemaal niet.

10. Niet lollig doen. Dus geen geen Arie, Piet of Hansje als u onverhoopt een dochter krijgt, geen Winston, Mohammed of Nelson als u vermoedt dat uw kind blank wordt en geen Sjors, Harrie, Frits, Trees of Bep als u en uw vrouw Surinaams of Antilliaans zijn.

(Wilt u toch een geinige naam? Ga naar de dierenwinkel, neem een cavia en noem hem Van Zuipenstein of Kill Bill, koop een witte muis en noem die Blackie, schaf twee goudvissen aan die Elvis & Beavis, Frank & Mirella of De Mounties gaan heten of leef u helemaal uit, bestel een schildpad en geef hem de naam Zoef. Lachen, man.)

De prenatale depressie

We zijn nu dik acht maanden na de Predictor. Nog even en dan breken de dijken door. Over een week of twee, drie, hooguit vier. Of morgen, dat kan ook.

PRACTICUM

Leer uzelf alvast aan om dingen te doen met één vrije arm c.q. hand. Opstaan, de afstandsbediening van de tafel graaien en *Studio Sport* opzetten, een speen oprapen van de grond, een spuugdoek, en verdomme weer die speen van dat @*!#kind. Oefen deze bewegingen met een zak aardappelen van drie kilo. Tip: het hoofd van de zak aardappelen te allen tijde verder van de grond houden dan de maag.

Geef het maar toe, u schijt in uw broek van angst. Soms zit u in de auto en sombert u over uw leven na de geboorte van uw kind.

U heeft een prenatale depressie. U ziet op tegen de bevalling, u heeft visioenen van een seks- en slaaploos leven en van een vrouw die alleen maar oog heeft voor haar baby, u voelt zich nu al voor joker lopen met zo'n draagdoek door de stad, en u ziet de bui al hangen dat uw vrienden gaan zaniken dat u bent veranderd omdat u niet meer elke week bij uw café-elftal bent.

Dit gaat inderdaad allemaal gebeuren.

U gaat het vaderschap én uw kind op gezette tijden vervloeken. Op vrijdagmiddag, 21 graden, als uw collega's vragen of u écht niet één witbiertje mee gaat drinken. Als u in de file op de A1 staat en Uw Zoon maar niet wil snappen dat de sfeer in de ploeg er heus niet beter op wordt met al dat gekrijs, nu al een halfuur lang. Als u om vier uur 's nachts naar de magnetron loopt om een flesje op te warmen omdat de borstvoeding maar niet op gang komt. U wordt straks een arbeider van uw kind.

En toch, ondanks alle aanstaande ellende, vliegen de clichés u deze weken om de oren. Mensen voorspellen u dat de geboorte van uw kind het gelukkigste moment in uw leven zal zijn. Dat het vaderschap uw leven zal verrijken. Dat u meer van uw kind zult gaan houden dan van uw vrouw.

Ook dít gaat allemaal gebeuren.

Er gaat veel veranderen.

Maar gelukkig verandert u ook.

U wordt een softie. Over een paar weken geniet u meer van een glimlach van uw kind dan van de nieuwe cd van Coldplay.

Bevallingsfobie

Vroeger werd gezwegen over bevallingen. Onze moeders en grootmoeders keken wel link uit – hun dochters zouden nooit meer durven, en dan konden zij mooi fluiten naar kleinkinderen. Dat was vroeger. Sinds Daphne Deckers* schreef dat ze er van onderen uitzag als een ontplofte egel en Heleen van Royen in *De gelukkige huisvrouw* de hoofdpersoon haar man tijdens de bevalling liet toeschreeuwen dat hij eens moet kijken wat hij met haar kut heeft gedaan, is de aloude bevallingsetiquette voltooid verleden tijd.

Mijn vrouw kwam elke week met een nieuw griezelverhaal aanzetten. Dan had een vriendin van de zus van de buurvrouw een horrorbevalling van 37 uur gehad, dan was de vrouw van een collega van een tante van iemand met wie ze chatte op www.zwanger.nl weer van onder tot boven uitgescheurd.

'Schat, maak je nou niet druk om alles wat er misschien, eventueel niet goed kan gaan.'

'Nee, jij hoeft dat kind niet uit je lul te persen!'

Daar had ze een punt.

'En u,' vroeg de verloskundige aan mij, tijdens ons laatste gesprek, zo'n drie weken voor de geplande bevallingsdatum, 'ziet ú ertegenop?'

'Ik ben er klaar voor,' antwoordde ik.

Gelul van een dronken aardbei. Ik was er helemaal niet klaar voor. Ik zag nog meer op tegen de bevalling dan tegen

* Zie de verklarende woordenlijst.

het vaderschap. Ik was me ervan bewust dat die bevalling voor mijn vrouw nog minder een feest zou worden dan voor mij, maar dat nam niet weg dat ik er tegenop zag. Ik was er als de dood voor. Met dank aan *Ouders van Nu*. Stuitliggingen, tangverlossingen*, inknippingen – als je zo'n blad leest is het nog een wonder dat er vrouwen zijn die een bevalling overleven. En als ik door een zapfout per ongeluk live in een SBS6-bevalling terechtkwam, wist ik niet hoe snel ik moest doorzappen. Ik ben een enorme nicht als het gaat om het zien van bloed, paniek, angst en pijn van anderen. Laat staan als het straks je eigen vrouw is die gemarteld wordt met tangen en scharen.

Dat vertelde ik uiteraard niet aan haar. Zij ging ervan uit dat ik de rust zelve was. Een baken in de bevalling.

Geen man gaat echter met droge oksels een bevalling in.

Nooit in de geschiedenis werden mannen betrokken bij de bevalling. Het was een vrouwending. Dokter erbij, en vooruit met de geit. Tegenwoordig doen vrouwen de beval-

IN HET BUITENLAND Veel Italiaanse mannen zijn tot op de dag van vandaag nog steeds niet aanwezig bij de bevalling. Het is heus niet omdat ze niet tegen bloed kunnen, die Italianen (een beetje Italiaan is gek op bloed – we noemen de aloude gladiatorengevechten en de Serie A). Nee, de reden is dat zij én hun vrouwen het met het oog op het seksleven na de geboorte niet wenselijk achten dat de man de staat ziet waarin de figa* zich tijdens de bevalling bevindt. Italianen zijn bang dat ze een trauma oplopen, en daar zit wat in.

* kut

* Zie de verklarende woordenlijst.

ling nog steeds alleen, maar u, de schuld van alles, bent er tenminste bij.

Waarschijnlijk verwacht u nu van mij een betoog waarin ik het bijwonen van de bevalling eens flink aan de kaak stel. Dat ik ga zeggen dat u toch nutteloos bent daar, u kunt immers niet meer doen dan de hand van uw vrouw vasthouden en de ober spelen die af en toe washandjes, verband en water haalt, en dat u voor de rest alleen in de weg loopt.

Helaas. Deze keer sta ik aan de kant van uw vrouw.

Al staat u er als Koning Pannenkoek bij, al kunt u niet tegen bloed, al bent u bang dat u een vaginaal trauma oploopt, al loopt u het risico om verrot gescholden te worden door uw vrouw omdat het allemaal uw schuld is, al speelt het Nederlands Elftal, u moet erbij zijn. Nu komen beide Basisregels meer dan ooit van pas. Veer mee, ga niet in discussie, laat u uitschelden, fijnknijpen, commanderen, geef het tachtigste doekje aan, puf mee, maar bovenal: blijf. Ga niet naar de cola-automaat, ga geen luchtje scheppen, ga niet op teletekst naar pagina 601 kijken.

Het bijwonen van een bevalling heeft namelijk ook zijn voordelen.

U hoeft nooit meer bang te zijn voor de tandarts. Elke keer dat u voortaan in die stoel zit en een scheutje pijn voelt, of uzelf betrapt op angst voor een wortelkanaalbehandeling, denkt u

Niet doen tijdens de bevalling Vijf dingen die u nooit tijdens de bevalling moet zeggen:

1. 'Lekker ding, die verpleegster.'
2. 'Hé, je schijt in bed!'
3. 'Hoi mam, met mij. Zeg, het gaat hier nog wel even duren, hoor… Nee, ík kan er niks aan doen.'
4. 'Jezus… Als dat ooit nog maar goedkomt daar…'
5. 'Phoe, ik krijg spierpijn van dat duwen in je rug.'

gewoon terug aan de bevalling van uw vrouw.

Tweede voordeel: als u in het dagelijks leven de zachtaardigheid zelve bent, dan is dit uw kans. Als u ooit legitiem een grote waffel mag opzetten, dan is het nu. De verpleegsters hebben net pauze? De arts zit net aan het warme eten? De verloskundige ligt net in haar nestje? Me hoela! Uw vrouw is heilig. Dus niet afwachten tot het een of andere witte jas believt om te komen en geen 'ik kom zo' of 'mijn collega komt zo bij u' accepteren terwijl Onze-Lieve-Vrouw hier ligt te kreperen.

Vecht, scheld, blaf, dreig, smeek, verordonneer, commandeer, als het maar werkt. Dit is alles wat u kunt doen voor uw vrouw.

En, let op: niet flauwvallen. U scoort geen punten als uw vrouw de aandacht van de doktoren tijdens de persweeën plotseling verplaatst ziet worden naar die wit weggetrokken man op de vloer.

Waarom doet een bevalling pijn?

> 'In de oudheid moest het geboorteproces pijnlijk zijn, zo niet dan was het tegen de wil van God, aldus de Bijbel. Ook in de Middeleeuwen werden zij die zich aan enige vorm van beïnvloeding van het baringsproces waagden, als heksen bestempeld en menigeen werd naar de brandstapel verwezen. In de Middeleeuwen kwam er toch enige kentering en werd onder meer alcohol gebruikt om de baringspijn te verzachten. Heden ten dage is de pijnloze bevalling niet meer weg te denken uit de moderne verloskunde. De vraag welke de voordelen zijn van epidurale analgesie is in feite zeer snel beantwoord: het grote voordeel is het wegvallen van de hevige pijnsensatie, wat door de afname van stress en spanning verder resulteert in een optimale vorm van relaxatie. Dit zorgt dat de zwangere nu dus arbeid en bevalling zonder uitputting en bewust kan meemaken en volop van de geboorte kan genieten.'
> www.gezondheid.be.
> (Wat ze in België niet weten is dat de Middeleeuwen in Nederland tot in de eenentwintigste eeuw voortduren.)

Zelfs in de eenentwintigste eeuw is pijn niet helemaal uit te bannen. U kunt tegen een winkelruit op lopen of een been breken omdat de linksback van Hakkedorpse Boys 6 op kniehoogte inkwam. De enige remedie tegen onvoorziene gebeurtenissen als deze is goed blijven opletten en, indien het toch gebeurt, bidden tot Onze-Lieve-Heer en tot het verkeer op de A10 dat de ambulance er zo snel mogelijk is om je te smoren met morfine of andere paardenmiddelen.

Nu de pijnmomenten die wél te voorzien zijn. Vroeger waren ze er bij bosjes. Als het even niet goed met je ging en men tastte in het duister naar de oorzaak, dan ging er een santekraam aan medische ingrepen als aderlaten, schedellichten en knevelen open. Geen pretje, naar verluidt. Gelukkig onwikkelde de medische wetenschap zich en werden in de loop der eeuwen antibiotica, morfine en narcose uitgevonden. (Een voorbeeld: 95% van alle pijn veroorzaakt door kanker kan tegenwoordig verlicht worden.)

Nu de bevalling. Een bevalling doet pijn. De honden lusten er geen brood van. Om een idee te geven: als Uw Zoon i.u. straks te lang in het geboortekanaal blijft hangen, dan wordt uw vrouw ingeknipt, tijdens een perswee. Die persweeën zijn zo onaangenaam, dat uw vrouw het inknippen niet eens voelt. (Hetgeen mij de rillingen bezorgt: alsof je door de tackle van de Hakkedorpse Boys 6 je been breekt en daar zoveel pijn van hebt dat je later in de kantine verbaasd constateert dat ook je schouder uit de kom ligt.)

Maar een bevalling is geen onvoorziene omstandigheid, zoals een winkelruit of een lompe linksback. Een bevalling zie je van mijlenver aan komen, en dat het pijnlijk zal worden ook. Niet als alles tegenzit, nee: gegarandeerd.

Welnu, noem mij één *te voorziene* situatie waarin de hedendaagse mens net zoveel pijn moet lijden als een vrouw tijdens een bevalling?

Juist.

Over honderd jaar lachen ze zich dood als ze horen hoe vrouwen hier tot in de eenentwintigste eeuw een kind moesten baren. En in het buitenland lachen ze nu al.

Laten we eens wat feiten op een rijtje zetten.

Hollandsch Misverstand 1: 'Thuisbevallen is gezelliger.'

> 'Een curieuze folklore. Waar vrouwen elders pijnloos in het ziekenhuis bevallen, zetten wij het bed op klossen, rukken pannen met kokend water aan en duiken, heel middeleeuws, de vroedvrouwen op.'
> (Cultuurhistoricus Herman Pleij over het Nederlandse fenomeen van thuisbevallen)

Inderdaad, een bevalling in een ziekenhuis valt niet bepaald onder de noemer gezellig. Als het tegenzit staat er een hele batterij studenten mee te kijken naar haar opengesperde benen.

Nee, dan een thuisbevalling. Lekker samen tussen de weeën door zitten frunniken met een bij Prénatal aangeschaft kraampakket (alsof een zeiltje van 50 bij 100 cm genoeg is om het bed en de vloer van de slaapkamer puinvrij te houden met een bevalling – die bouwzeilen van de Gamma komen meer in de richting, weet ik ondertussen). Nerveus wachten of de verloskundige niet vast is komen te zitten in het verkeer. Hopen dat uw vrouw niet halverwege smeekt om een ruggenprik* die de verloskundige-aan-huis niet kan en mag geven. Maar wat hebben we het gezellig.

IN HET BUITENLAND In Amerika, Australië, Engeland, België, Duitsland, Frankrijk en Italië wordt thuisbevallen als kwakzalverij gezien. Meer dan 95% van de vrouwen gaat naar het ziekenhuis, of naar speciale kraamklinieken.

* Zie de verklarende woordenlijst.

Hollandsch Misverstand 2: 'Pijn versterkt de band met je kind.'

Zo kennen we er nog wel een paar. Goh, de band met mijn ruggenwervel is zo goed sinds ze die hernia hebben geopereerd zonder verdoving.

Nederlandse artsen lijken een aversie te hebben tegen datgene wat ze hebben gestudeerd: medicijnen. Wee de vrouw die al tijdens haar zwangerschap informeert naar de mogelijkheden van een ruggenprik. Artsen en verloskundigen buitelen over elkaar heen om de nadelen op te sommen. Zo krijgt een paar procent van de vrouwen koorts, migraine of een tijdelijk verlaagde bloeddruk. Phoe. Is me dat schrikken.

O ja, en de bevallende vrouw voelt de weeën minder goed. Nou lijkt me dat juist de bedoeling van de hele ingreep, maar verloskundigen zeggen dat dit nadelig is omdat de vrouw ook de persweeën niet goed voelt en dus niet precies weet hoe en wanneer ze moet gaan persen. Wat men vaak vergeet te vertellen is dat al die pijnverlagende maatregelen kunnen worden gestopt tegen de tijd dat de vrouw voldoen-

IN HET BUITENLAND In andere landen bepaalt de vrouw, en niet de arts of verloskundige, of ze wel of niet pijn wil lijden. In Amerika weigeren alleen masochisten, mormonen en mafkezen pijnstillers. Daar, maar ook in België, Frankrijk, Engeland en Scandinavië bevalt 60% van de vrouwen met een ruggenprik, met TENS of met lachgas, door de vrouw zelf ter plekke te doseren. Vierentwintig uur per dag, in de hoeveelheid en op de manier zoals de vrouw dat wil, vanaf de eerste minuut van de bevalling, met voldoende medisch bevoegd personeel binnen handbereik.

IMPRESS YOUR WIFE Als alles goed gaat en de bevalling binnen een uurtje of tien achter de rug is, is er geen vuiltje aan de lucht met het thuisbevallen. Alleen jammer dat dit niet te voorspellen is. Wat veel vrouwen niet beseffen: verloskundigen mogen wettelijk geen enkele vorm van pijnbestrijding voorschrijven, ook niet als de barende vrouw het echt niet meer volhoudt, of als de bevalling te lang duurt. Meer dan de helft van de thuisbevallingen van een eerste kind eindigt toch in het ziekenhuis. En een wee op de A2 is niet prettig.

de ontsluiting heeft en mag gaan persen. Hetgeen als voordeel heeft dat de vrouw niet uitgeput aan de start komt voor datgene waar het om gaat: het kind eruit poepen.

Is úw vrouw wel overtuigd van het nut van pijnremmers? Temper haar enthousiasme. Met uitzondering van enkele academische ziekenhuizen zijn er in Nederlandse ziekenhuizen 's avonds na zes uur geen anesthesisten meer. Vrouwen die de pech hebben om buiten kantooruren heftige weeën te krijgen – hoe durft zo'n baby – kunnen fluiten naar een ruggenprik.

Hollandsch Misverstand 3: 'Een bevalling moet vanzelf op gang komen. Je moet de natuur zijn gang laten gaan.'

We doen helemaal niks meer langs natuurlijke weg in de eenentwintigste eeuw. We steken de stekker in het stopcontact zodra het donker wordt, bewegen ons voort in auto's, communiceren via e-mail en telefoon, maar zodra het een bevalling betreft moeten we terug naar de Middeleeuwen?

Gezellige thuisbevallingen zonder pijnbestrijding, ziekenhuizen die alleen tijdens kantooruren klaarstaan voor

IN HET BUITENLAND Het wordt eentonig. Met uitzondering van ons land worden overal in de westerse wereld (en óók in Tsjechië, Turkije, Peru, Brazilië, Costa Rica, moet ik nog doorgaan?) de weeën kunstmatig opgewekt als de zwangerschap langer duurt dan de uitgerekende veertig weken, en staat er vervolgens een heel apparaat medici klaar om te doen wat er gedaan moet worden. Geen risico's en geen flauwekul van 'het-komt-vanzelf-als-de-tijd-rijp-is'.

uw vrouw en verloskundigen die vinden dat we de natuur haar gang moeten laten gaan.

Zinloos geweld, dat is het.

In naam van alle vrouwen die ooit nog zullen bevallen in Nederland roep ik hierbij iedere man op die met mij vindt dat Nederland uit de bevallingsmiddeleeuwen moet komen. Bent u van mening dat niet de verloskundige, niet de huisarts, niet de gynaecoloog, niet u of ik, maar uw vrouw zelf mag bepalen hoe, waar en wanneer ze bevalt?

IMPRESS YOUR WIFE Wat u kunt doen, zonder tegen Basisregel II te zondigen, is uw vrouw naar www.kluun.nl sturen. Daar staat een overzicht van websites vol ervaringen van vrouwen in buitenlandse kraamklinieken en van voor- en tegenstanders van de Nederlandse bevalcultuur. www.babyinfo.nl, www.czmedicinfo.nl, www.achmeahealth.nl, websites van gynaecologen die mijn visie delen, websites van verloskundigen die mijn betoog onzin vinden, het staat er allemaal. Als gezond tegenwicht tegen de eenzijdige info die uw vrouw van de traditionele bevallingsmanagers krijgt.

IMPRESS YOUR WIFE Het nieuwste pijnremmend middel heet remifentanil. Het wordt nu al in tientallen ziekenhuizen in Nederland aangeboden omdat er geen anesthesist bij nodig is: uw vrouw dient het spul zelf toe tijdens de weeën, met behulp van een infuus met een pompje. En dat is fijn voor de nachtrust van de anesthesist, maar tevens linke soep. Het spul is toch wat gevaarlijker dan cola light.

Ga naar www.kluun.nl en teken de petitie. Stop zinloos geweld bij bevallingen.

De bevalling

'Kluun.'

'...'

'Kluun!'

'Grh... huh?'

Mijn vrouw trok aan mijn schouder. 'KLUUN!'

'Urrggghhh... uhmja?... watte?'

'Ik had net een wee.'

Schok. Ik zat rechtop. 'Hoe eh... weet je dat?'

'Het was er een. Dat weet ik gewoon.'

'Hoe kan je dat nou zeker weten?'

'Godver, omdat... Ooooo... Kut... Daar komt er weer een... Auwauwauw... pfff... pfff... pffffff... phew... sjezus christus, zeg...'

Drie uur 's nachts. Het feest was begonnen.

De eerste uren waren redelijk goed te hebben. We gingen om vijf uur in de nacht uit bed, en dat heeft altijd wel iets knus, vind ik. Alsof je op vakantie gaat. Ik zette thee, mijn vrouw zette zichzelf bij iedere naderende wee op haar haptonomische skippybal en riep zo nu en dan dat er weer eentje aan kwam en dan ging ik achter haar in haar dijen zitten knijpen, ondertussen ritmisch de door hapto-Jos opgedragen mantra 'Open van Onderen, Open van Onderen' in haar oor fluisterend. Het leek te werken! De weeën kwamen steeds regelmatiger, steeds frequenter. Tien minuten, acht minuten, zes en een halve minuut.

Alles ging volgens plan. Het werd ochtend, het werd middag en de weeën kwamen ondertussen met de regelmaat van een Gianni Romme in topvorm. Tussentijden van vier en een halve minuut. Vier minuten rond. En toen om de drie minuten. Ik belde de verloskundige en verordonneerde haar om NU!!!!!! te komen.

Het was halfzes in de avond.

'O, ik zie het al, jullie zijn goed bezig!' zei ze opgewekt toen ze binnenkwam, een uurtje later. Ze stopte twee vingers in mijn vrouw en vertelde doodgemoedereerd dat de ontsluiting intussen tot ruim één centimeter was gevorderd. 'Bijna anderhalf,' voegde ze er geruststellend aan toe. Mijn vrouw begon te huilen.

Ik wist me vaag te herinneren van hapto-Jos dat een ontsluiting gemiddeld met zo'n centimeter per uur gaat. Een snelle rekensom leerde me dat ons ontsluitingstempo enigszins beneden het gemiddelde lag. We hadden nog negen centimeter te gaan en waren zo'n slordige vijftien uur bezig. Dat beloofde niet veel goeds.

De verloskundige vertrok met de boodschap dat ze om een uur of elf weer eens zou komen kijken. Ze was nog niet de deur uit of de rondetijden van de weeën werden nog scherper. De weeën zelf ook. Mijn vrouw kotste van de pijn.

'Schat, wil je echt per se thuis bevallen?' vroeg ik zo rustig mogelijk. 'We kunnen nog steeds naar het VU-ziekenhuis. Daar geven ze een ruggenprik, als je erom vraagt, heb ik op internet gelezen.'

Mijn vrouw antwoordde iets wat het midden hield tussen 'AAAAAAHHHH' en 'JAAAAAHHH'.

Ik belde de verloskundige.

Die vroeg waarom we naar het ziekenhuis wilden, het ging toch hartstikke goed?

Ik zei dat het beroerd ging en dat mijn vrouw al zestien uur pijn aan het lijden was, voor anderhalve kutcentimeter.

Nou goed, dan zou ze de VU wel bellen, als wij dat met alle geweld wilden.

Ik zei dat we dat met alle geweld wilden, ja. En vlug een beetje.

De VU zat vol.

'En nu?'

'Er is wél plaats in het Lucas Ziekenhuis.'

'Doen ze daar ook ruggenprikken dan?'

'Ja, anders zou ik jullie er niet naartoe sturen, hè?'

Oeps. Kwaad. 'Nee, daar heeft u gelijk in. Sorry. En bedankt voor het bellen.'

'Succes verder.'

Een halfuur later reed ik met mijn Chevy volgeladen met kleren, kleertjes, een kotsemmer en een puffende vrouw over de A10 richting Lucas Ziekenhuis.

Bij de deur van Spoedeisende Hulp stond een verpleegster met een rolstoel op ons te wachten. Dat viel niet tegen.

'Hoe lang duurt het voor mijn vrouw die ruggenprik krijgt?' vroeg ik, terwijl we door de gangen van een verlaten Lucas Ziekenhuis reden.

'Ik eh... ben bang dat dat niet mogelijk is,' fluisterde de verpleegster. Ze klonk nerveus en durfde me niet aan te kijken. 'De anesthesist is niet meer in huis.'

Tien minuten later zaten we in een kraamkamer. Tegels op de vloer. Witgekalkte muren. Ziekenhuisbed. Geen schilderijtjes. Geen fluffy kussentjes. Géén ruggenprik.

Als *icing on the cake* kreeg mijn vrouw iets wat hapto-Jos een week geleden nog had beschreven als een weeënstorm. 'Als je dat krijgt, heb je gewoon vette pech. Daar is niet tegenop te puffen. Dan word je gillend gek.'

IMPRESS YOUR WIFE Het hele vakjargon aan weeënstormen, weeënremmers en weeënopwekkers* vindt u terug in de verklarende woordenlijst. Komt altijd van pas om de verloskundige terug in haar hok te bluffen als ze het ook maar waagt om u te piepelen.

Deze informatie bleek correct. De ene wee *from hell* stond van ongeduld te trappelen om bezit van mijn vrouw te nemen terwijl de andere nog met haar bezig was. Ik veegde snel een traan weg toen ze dubbelgeklapt over de wasbak hing. Ze kon nog wel een pijnverlagende Pethidine-injectie krijgen, zei een dokter, die oud genoeg was om koningin Wilhelmina nog ter wereld te hebben gebracht. Pijnverlichtende maatregelen? Met dat soort fratsen hoefde je bij hem niet aan te komen. Ik doopte hem in stilte dr. Van den Oudestempel.

De Pethidine hielp nog minder dan een sinasprilletje. Mijn vrouw stond, lag, hing of zat te gillen bij elke naadloos aansluitende wee. En het ging maar door. Een uur. Twee uur. Drie uur lang. Als ik ooit nog een vent iets over *het zwakke geslacht* hoor blaten...

'Auw! Kolere... dat was volgens mij een perswee.'

'Hoe voelde het dan?'

'Alsof ik enorm moest poepen.'

'Moet je niet gewoon poepen?'

'Ik poep al vierendertig jaar en ik weet ondertussen heel goed hoe het voelt wanneer ik moet poepen.'

'Ja, maar –'

Terwijl ik op het punt stond om op een wel heel ongeluk-

* Zie de verklarende woordenlijst.

kig moment te zondigen tegen Basisregel II, kwam Van den Oudestempel binnen. Nog maar eens checken of er al wat vordering in de ontsluiting zat. Ik gokte op drie centimeter. De dokter trok een verbaasd gezicht.

'U heeft ineens tien centimeter!' zei hij, zowaar enthousiast. 'U mag persen!' Waar een weeënstorm al niet goed voor is.

Zijn enthousiasme verdween snel toen hij de hartslag van de baby zag. Hij belde iemand, met gedempte stem. Twee minuten later stonden er twee extra doktoren rond het bed van mijn vrouw.

Ze werd gemaand harder te persen. De dokter wurmde een pomp naar binnen. De hartslag van ons kindje bleef hangen, ook tussen de weeën in. 68. 80. 73. 56. Iedere keer dat ik op die monitor keek, gaf het kloteding hooguit tachtig bpm aan. Ik zag twee doktoren naar elkaar kijken. 'Dat is de Pethidine...' hoorde ik de een tegen de ander zeggen. Mijn vrouw hoorde niks. Van den Oudestempel trok aan de pomp alsof hij aan het touwtrekken was. 'Kom op, persen!' riep hij. 'NU! harder!'

Het lukte. Ik zag zwarte haren. Een hoofdje. Een navelstreng om een nekje. En toen een lijfje.

Het lijfje zag paars.

Het lijfje huilde niet.

De dokter spoedde zich de kraamkamer uit, met ons

IMPRESS YOUR WIFE Maak zwart-wit foto's. Géén kleur. Uw kind lijkt de eerste uren op een trol, en nog een gevlekte ook. En uw vrouw ziet er vlak na de bevalling helemaal niet uit in kleur. Ze zal de hele serie zwaar censureren. PS: Dat u niet moet gaan filmen tijdens de bevalling hoef ik u niet te vertellen, toch?

paarse kind. Ik durfde mijn vrouw niet te feliciteren.

De volgende minuut duurde een uur. Plotseling hoorde ik iets huilen in de kamer naast ons. Wij keken verwachtingsvol naar de deur. Van den Oudestempel kwam binnen met ons huilende kind. Het was inmiddels lichtpaars. 'Het komt goed,' zei Van den Oudestempel. Ik zag zweetplekken onder zijn oksels. Ik lachte en huilde tegelijk en schudde hem uitgebreid de hand.

De oude arts mompelde iets van gefeliciteerd en vertrok.

We hadden een dochter, en ze leefde, ze leefde, ze leefde!

Dankzij het ziekenhuis en dokter Van den Oudestempel.

De nageboorte

'Wat wilt u ermee doen?'
'Weggooien natuurlijk.'

(Er zit géén gebruiksaanwijzing van de baby in de placenta.)

Na de geboorte

'Beautiful Day' van U2 spettert uit de autospeakers. Uw grijns breekt uw gezicht zowat in tweeën. Anderhalf uur geleden is uw kind* geboren.

Terwijl u de parkeerplaats van het ziekenhuis af rijdt en meeschreeuwt met Bono, begint u te bellen. Iedereen die u maar kunt verzinnen. 'Ik heb een zoon/dochter en hij/zij heet ...'**

Thuisgekomen loopt u naar de koelkast, trekt een biertje open en klokt het halve flesje in één teug weg. U stikt van de dorst, omdat u er nu pas achterkomt dat u al zo'n zes uur niets heeft gedronken.

In de huiskamer ziet u op de schoorsteen de foto van u en uw vrouw, van toen, daar met z'n tweeën op dat strand onder die palmboom.

U pakt de foto op, glimlacht en kust haar hoofd.

'Schat, wat hou ik van je.'

En dan gaat u in uw eentje, met uw biertje, op de bank zitten janken.

* Vanaf dit moment is het niet langer relevant te veronderstellen dat u een zoon krijgt.

** Doorhalen wat niet van toepassing is/invullen op de stippellijn.

Rectificatie

Dochters zijn fantastisch, veel en veel leuker dan zonen. Ze zijn knuffeliger, liever, opener en ze verafgoden hun vader. Ze zeggen dat hun papa de liefste papa van de hele wereld is en dat ze later willen trouwen met een man zoals papa, of met papa zelf, maar dat zal mama wel niet goedvinden. En als ze snikkend in je armen vallen omdat ze op hun knie zijn gevallen en bij papa willen zijn, voelt papa zich meer man dan hij ooit is geweest of gedacht had te kunnen zijn.

Daar kan geen zaterdagmiddag langs de lijn bij de F-jes tegenop.

De officieuze kraamhulp

‘Goedemiddag,’ zei de mevrouw die voor de deur stond. ‘Ik ben Nelly, en Nelly komt jullie helluppen.’

Haar accent was, net als Nelly zelf, vet Surinaams.

Half Nederland leek zojuist te zijn bevallen. ‘We hebben pas over drie dagen iemand vrij,’ had de mevrouw van de Kraamzorg me gezegd. Ik uiteraard een grote muil opgezet, en voilà, een kraamhulp binnen een dag. ‘Wat ben ik blij dat u er bent, mevrouw...’ zuchtte ik.

‘Geen *mevrouw*. Nelly!’ corrigeerde ze me streng. ‘Wwat een mooi huis, jongen!’ zei ze, het hoge plafond in de hal bewonderend.

‘Ooit wel, ja,’ mompelde ik. Mijn vrouw was twee dagen niet uit bed geweest en ons huis was al tot een studentenflat verworden. Met onze keuken als de eerste officiële krottenwijk van Amsterdam. Of ik alles nog een beetje op orde had gebracht, had ze me nog gevraagd, eerder die ochtend. ‘Want daar zijn kraamhulpen niet voor.’

‘Nee, en ik ook niet,’ dacht ik, na de tweede nacht van nog geen vier uur slaap. Nelly kwam de keuken binnen en keek van het aanrecht naar de vloer en van de vloer naar de tafel.

New York Pizza-dozen, borden met overblijfselen van nr. 153 van Chin. Ind. Spec. Rest. Sing Wah, kopjes, mokken, glazen, stukken gebroken beschuit met muisjes op de aanrecht en een vloer vol muisjes zonder beschuit.

‘Het is nogal eh... chaotisch geweest, de laatste dagen...’ zei ik beschaamd.

‘Nelly is wwel wwat gewwend, jongen,’ zei ze lachend, ‘ik

heb zelf vijf kinderen en ik kom veel in andere gezinnen.'

Ik zuchtte van opluchting. Natuurlijk, ik was vast niet de enige verse vader die er in *no time* een teringzooi van had gemaakt. 'Over kinderen gesproken, eh... Nelly, zullen we eerst maar eens naar moeder en kind gaan kijken?'

'Nee, malle jongen,' lachte ze. 'Nelly gaat eerst jouw keuken eens even spic en span maken.' Tuurlijk. In crisissituaties dient men eerst het overzicht te hervinden, alvorens aan het echte werk te beginnen. Kraamhulpen hoef je wat dat betreft niks te leren. Die doen niet anders.

'En?' vroeg mijn vrouw, toen ik boven kwam. 'Hoe is de kraamhulp?'

'Ze heet Nelly. Een Surinaamse met vijf kinderen.'

'Dat klinkt veelbelovend, waar is ze nu?'

'Ze ging eerst de keuken doen.'

'O, wat gek...'

'Nou, als je de keuken hebt gezien niet hoor,' grinnikte ik.

'Hm. Ik zou toch graag eerst wat hulp krijgen voor de borstvoeding, want in het ziekenhuis zeiden ze toch dat we daar snel mee moeten beginnen en mijn tieten beginnen al pijn te doen.'

'Ik ga eh... zo naar beneden.' Nelly leek me niet het type om zich prioriteiten te laten opleggen. Trouwens, zij was de expert, niet wij.

Na een uur, toen de druk van de melk op de borsten van mijn vrouw en die van haar op mij onhoudbaar werd, ging ik maar eens kijken hoe het Nelly verging. Ze stond hevig zwetend de vloer te dweilen. De rest van de keuken was al weer in een staat die ik me vaag herinnerde uit de tijd van voor de geboorte van mijn dochter.

‘Hoe gaat het, Nelly?’ vroeg ik gegeneerd.

‘Maak je niet druk over mij. Het is mijn wwerk, wweet je. Nelly doet dit al drieëntwwintig jaar, jongen.’

Je zal toch bij elk kraamgezin zo’n puinhoop aantreffen. Dan haal je je jubileum niet.

‘Zeg, eh... Nelly, ik wil me nergens mee bemoeien, maar wil je echt niet eerst even mee naar boven gaan?’

‘Ach jongen,’ lachte Nelly, ‘ben je zo trots op je baby’tje?’

Kut, begon ik weer te blozen. ‘Ook dat, maar mijn vrouw wil wat tips over de borstvoeding.’

‘O? Nou, dat kan, daar wweet Nelly best wwel wwat van.’

Ik begon te lachen. Lief, hoor, zo’n hardwerkende, bescheiden vrouw. Kom daar maar eens om in Oud Zuid.

Nelly klapte in haar handen toen ze de slaapkamer binnenkwam. ‘De gelukkige moeder,’ riep ze en ze omhelsde mijn vrouw. Die gebaarde geschrokken dat Nelly niet zo hard moest praten. Ze wees naar ons dochtertje.

‘Oeehhh, sorry...’ lachte Nelly en knikte naar het wiegje. ‘Laat me eerst dat kleine poppetje van jullie eens checken...’

Nelly boog zich over het wiegje.

‘Oeoeoeoeoeoehhhh!!!’ riep ze verschrikt en sloeg haar hand voor haar mond. ‘Wwat is er met haar hoofdje aan de hand!?’

Mijn hart sloeg over. Mijn vrouw en ik keken elkaar paniekerig aan. Zie je wel dat ze ons verdomme in dat kut-ziekenhuis maar wat hadden wijsgemaakt! Ik wist het, ik wist het. Ik geloofde die Van den Oudestempel al vanaf het begin niet toen hij zei dat zo’n punthoofd na een pompbevalling vanzelf over zou gaan, dat het heel normaal was.

Normaal, me reet! De kraamhulp krijgt er verdomme

bijna een stil beslag van. Alsof ze een illegale remake van *fucking* Kabouter Plop had gezien.

'Oeehhh... is dat normaal?' vroeg Nelly, nog steeds zichtbaar geschrokken. 'Heeft ze in de coupeuse gelegen?'

'Nee...' zei mijn vrouw met een bibberende stem. 'Het komt door de vacuümpompbevalling*...'

'Oehh... wwat eng...' Nelly was zichtbaar aangedaan. 'Komt het goed?'

De ogen van mijn vrouw werden rood. Ik vroeg of Nelly misschien even koffie wilde halen en omhelsde mijn vrouw. Nelly verliet opgelucht de kamer. Ik meende een traan in de ogen van onze kraamhulp te zien. Mijn vrouw zag niets meer. Ze brulde, met lange halen. Ik kon geen woord uitbrengen. Er ging van alles door mijn hoofd. Het beeld van mijn kind met een punthoofd. De beste, duurste, modernste ziekenhuizen in Amerika of weetikveel waar, als mijn dochter maar met een normaal hoofd naar school zou kunnen straks.

De telefoon ging. Ook dat nog. 'Ik ben er niet, hoor,' huilde mijn vrouw. 'En als het iemand is die op kraamvisite wil komen, zeg maar dat we dat voorlopig niet willen.'

Ik knikte en nam in slowmotion de telefoon op.

'Dag, met de Amsterdam Kraamzorg hier. Ik wilde even doorgeven dat we toch nog een kraamhulp gevonden hebben. Ze kan vanavond al, als u wilt.'

'Pardon?'

'Ze kan vanavond al, zei ik,' lachte de mevrouw, 'maar tot die tijd kunt u de schoonmaakster gewoon laten blijven hoor, op onze kosten. Met excuses voor de vertraagde service.'

* Zie de verklarende woordenlijst.

De officiële kraamhulp

De kraamhulp is de baas in huis en u bent haar loopjongen. U wordt gedoogd omdat u een auto en een portemonnee hebt. Daarmee wordt u naar de drogist, Prénatal en de apotheek gestuurd om tepelhoedjes*, zoogcompressen, rompertjes en vitamine K-tabletten te halen. En nog een keer, omdat u het verkeerde heeft meegenomen. ('Nee, een éénspeen, zei ik toch.')

Kraamhulpen scheppen er een vilein genoegen in om u zich nog onzekerder te laten voelen dan u al bent in uw nieuwe rol als vader. Een belangrijk wapen om dit doel te bereiken is een boekje dat u de eerste dag overhandigd zal worden. Pagina na pagina is gevuld met belangrijke tips 'die u vanavond maar eens op uw gemak door moet lezen' en bladzijdes vol tabellen en invulschema's.

Dit laatste doet vermoeden dat er iets te plannen valt de komende tijd. Ik kan u verzekeren dat dit uitgesloten is. De schema's zijn bedoeld om *achteraf* in te vullen.

Elke avond voor de kraamhulp naar huis gaat, beveelt ze u om het schema goed bij te houden, en direct na iedere plas-, poep- of eetactiviteit te noteren hoe laat en hoeveel het was. 'Want anders vergeet u het.'

Elke ochtend als ze binnenkomt en koffie voor zichzelf heeft gezet, gaat ze u naar dat schema vragen.

Dan geeft u haar waar ze om vraagt (het went snel, zo'n kraamhulp) en wacht u, als een schooljongen die net bij zijn juf een opstel over De Kinderboerderij heeft ingeleverd, op

* Zie de verklarende woordenlijst.

haar reactie. Ze bekijkt het schema minutieus.

U wordt lichtelijk nerveus, want u heeft maar wat ingevuld, net voor ze binnenkwam. En dat ruikt ze. 'Weet u zeker dat dit klopt?'

Nu hebt u er genoeg van. Wie denkt ze wel dat ze is? De Spaanse inquisitie? U had vannacht verdorie wel iets anders aan uw hoofd dan het invullen van dat kloteschema. Zoals het verwisselen van het lakentje en dekentje van de wieg omdat het drijfnat was (u had de kruik niet goed dichtgedraaid), het verwisselen van het rompertje van uw kind omdat het tot uw stomme verbazing ineens doorweekt was (u kende tijdens de verschoning één moment van onoplettendheid, genadeloos door uw kind afgestraft met een urinetoegift) en het verwisselen van het truitje dat over dat rompertje heen zat (u had bovengenoemde verwisseling van het rompertje met iets te abrupte, geïrriteerde bewegingen uitgevoerd, direct door uw kind beantwoord met een spuugsessie). En als afsluiting een ruzie met uw vrouw die maar door bleef zaniken over wat er wel had kunnen gebeuren als zij die lekkende kruik niet op tijd had ontdekt.

En toen was het zes uur en zag u meer heil in een uur extra slaap dan in het invullen van een schema. En dat zal u haar nu eens even haarfijn uit de doeken doen.

De kraamhulp hoort uw relaas verveeld aan. Vervolgens zal ze u meewarig aankijken en haar schouders ophalen. 'Ja, ú wilde vader worden.'

Het kraambezoek

Iedereen wil uw baby zien. Jokt men.

Niemand is echt blij met kraambezoek. Binnen vijf minuten is de lol eraf. Uw vrouw is total loss en kan niet zitten, staan of liggen zonder te verrekken van de pijn, u sjouwt zich een breuk aan koffie en beschuit met muisjes en geen weldenkend mens heeft er behoefte aan om een uur lang te kijken naar een schreeuwend mormel dat naar poep en spuug ruikt, met angst en beven hopend dat de moeder zo meteen niet gaat vragen 'of zij hem niet even vast willen houden'.

Alleen de verse oma's, opa's, ooms en tantes en een handvol andere verse moeders willen écht zien wat u gefabriceerd heeft. Op kraambezoek gaan is als het kijken naar een gemiddelde voorstelling van het Holland Festival – je begrijpt niet wat de recensenten erin zagen. Bij veel baby's dringt de vraag zich zelfs op hoe een moeder van zo'n kind kan houden.

IN HET BUITENLAND Kraambezoek is weer zo'n gezellige Nederlandse uitvinding. In de rest van Europa komt alleen wat directe familie en vrienden. En dan niet thuis, maar in het ziekenhuis of de kraamkliniek. Het enige dat nog erger is, zijn *babyshowers*, een Amerikaanse traditie die ook hier populair dreigt te worden. Vriendinnen van uw vrouw organiseren dan een surprise party voor haar, met cadeautjes, rauwkost en ander zwangerschapsvoer en (godbetert) spelletjes, als uw vrouw hoogzwanger is. Babyshowers hebben echter één gigantisch voordeel: de mannen mogen niet mee.

De routine van het kraambezoek is al sinds diep in de vorige eeuw hetzelfde.

1. Het bezoek komt de slaapkamer binnen.
2. Het bezoek zegt dat uw vrouw er zo goed uitziet, naar omstandigheden dan, hè.
3. De baby wordt beoordeeld en er wordt vastgesteld op wie hij lijkt.
4. In het uitzonderlijke geval dat uw baby écht mooi is, hoort u dit, zo niet, dan vindt men hem 'lief', 'grappig', 'snoezig' en wordt nogmaals verteld op wie hij lijkt.
5. Er worden sokjes, badeendjes, rammelaars, babypakjes of esoterisch verantwoorde popjes overhandigd, dezelfde die u van het bezoek van vanochtend heeft gekregen en die u van het bezoek van morgen gaat krijgen.
6. U gaat voor de achtste keer in drie dagen beschuit met muisjes smeren.
7. De aanwezige mannen proberen een glimp van de borst van uw vrouw op te vangen bij het voeden.
8. U en uw vrouw vertellen voor de achtste keer in drie dagen het bevallingsverhaal, onderbroken en aangevuld met de verhalen van de andere moeders, die per definitie hetzelfde hebben meegemaakt, maar dan erger.
9. De aanwezige mannen proberen voorzichtig het gesprek richting de vluchtheuvel der mannenconversatie te brengen, de Champions League-wedstrijd van gisteravond. U hebt die niet gezien en gaat onvermoeid door met praten over de bevalling en welke oerkrachten uw vrouw in zich heeft en hoe trots u op haar bent en hoe u gehuild heeft.
10. De aanwezige mannen beginnen uit het raam te kijken en nerveus op hun stoel heen en weer te bewegen.
11. Uw vrouw begint steeds meer te kreunen en te gapen.

12. De kraamhulp komt de slaapkamer binnen en doet wat u nalaat: iedereen uit zijn lijden verlossen en zeggen dat uw vrouw nu moet slapen.

PRACTICUM

Alle baby's lijken op Winston Churchill. Steek een sigaar in uw eigen exemplaar en zie hoe treffend de gelijkenis is. U hoeft de sigaar overigens niet aan te steken.

Borstvoeding

108 Borstvoeding is beter dan flesvoeding, dat weet een kind. Er zitten meer – of betere, pin me er niet op vast – voedingsstoffen in, elementen die de baby minder gevoelig maken voor allergieën, borstvoeding versterkt de band met de moeder en het is zelfs wetenschappelijk bewezen dat uw kind er een hoger IQ van krijgt.*

Maar laten we elkaar geen mietje noemen: de reden waarom ú overtuigd voorstander van borstvoeding bent, ligt met name in het feit dat u stilletjes hoopt dat die gebroken nachten waarover andere verse vaders het altijd hebben, aan u voorbijgaan. U krijgt daarbij steun uit onverwachte hoek. De vriendinnen van uw vrouw. Tachtig procent van de vrouwen in Nederland doet op zijn minst een poging tot borstvoeding omdat ze anders hun vriendinnen niet meer onder ogen kunnen komen.

'En, je gaat straks zeker wel borstvoeding geven?'

'Ik weet het nog niet...'

'O? Ik heb Sem de borst gegeven tot hij aan de Olvarit mocht.'

'Ik Noa ook. En bij Sterre heb ik het volgehouden tot ze bijna één was.'

'Thomas is nu anderhalf en hij krijgt af en toe nog de borst als hij verdrietig is.'

Drie paar moederogen kijken uw vrouw dwingend aan.

Uw vrouw verkleurt. 'Ja, nee, ik eh... ik denk dat ik het ook wel ga doen.'

* Bron: National Institute of Health.

Er wordt goedkeurend geknikt. 'Het gaat toch om de gezondheid van je kind.'

Vrouwenborsten zijn een vreemde uitvinding van de Schepper. Geen enkel ander lichaamsdeel wordt slechts enkele maanden van een heel mensenleven gebruikt waar het oorspronkelijk voor bedoeld is. In tegenstelling tot wat de meeste mannen denken, zijn borsten niet bedacht om ons te behagen. Dit ligt niet aan ons; ook vrouwen maken zich vanaf hun puberteit druk over de grootte, vorm en zwaartekrachtgevoeligheid van hun borsten ('vind je ze echt niet te klein?'), die van hun vriendinnen ('ik zag die van Maud laatst na aerobics, die heeft toch gekke tepels, joh!'), die van Katja Schuurman ('ja, met neppers kan ik het ook') en die van de secretaresse van de afdeling boekhouding op uw kantoor ('Mpfr... dat haar baas het goedvindt dat dat kind er op kantoor zo bij loopt...').

En dan, van de ene op de andere dag, krijgen hun borsten een functiewijziging. Terug naar waar ze voor bedoeld zijn: kinderen zogen. De melkmachines worden in werking gesteld.

Ook de natuur zelf lijkt elke keer weer verrast als ze de veranderde functieomschrijving in praktijk moet brengen. Uw kind jankt al van de honger terwijl de smurrie nog op zijn hoofd zit, en oeps, laten we nou wat vergeten hebben, de melk kan de melkfabriek niet uit. Stuwing.

Stuwing voelt volgens mijn vrouw alsof je borsten elk moment uit elkaar kunnen klappen. Melk te over, maar doorstromen ho maar. Negen maanden lang had Moeder Natuur de tijd om ervoor te zorgen dat alles op tijd in orde was daar in de borsten van uw vrouw, en net nu de melk moet stromen, komt ze tot de ontdekking dat het geheel niet naar behoren functioneert. Dat zou uw kroegbaas eens moeten flikken – op Koninginnedag ineens merken dat de leidingen van de tapinstallatie verstopt zijn.

IMPRESS YOUR WIFE De nerven van witte kool bevatten een sap dat de stuwingspijn in de borsten tegengaat. Ik zie mezelf nog midden in de nacht met een aardappelschilmesje ritueel een witte kool besnijden en mijn vrouw de bladen aanreiken om in haar beha te proppen. Hoog Klaziena-uut-Zalk-gehalte, geef ik toe, maar het werkt. www.prettymum.nl helpt uw vrouw als de borstvoeding een drama is.

Als de stuwing niet in de weg zit, zijn het wel de hersens van uw vrouw. Om marathons te lopen, van zwarte afdalingen af te sjezen, bungy te jumpen, de Tour te rijden en borstvoeding te geven kun je nu eenmaal beter je hersens uitschakelen, of, beter nog, amper hersens hebben. Niet denken, maar doorharken. Dit is de wet van de remmende voorsprong van de evolutie: wij intelligente, ontwikkelde, beschaafde wezens, weigeren diep in ons hart te accepteren dat we in feite gewoon nog steeds zoogdieren zijn.

Zoogdieren? We leven in een tijd waarin we met mes en vork eten, onze behoefte doen op de wc, praten met twee woorden, maar zodra we een kind hebben, moeten we het heel natuurlijk vinden om met onze blote tieten in een restaurant te gaan zitten voeden?

Kijk, in Malawi ligt dat anders: daar is borstontsteking en tepelkloven net zo pijnlijk, maar kleine Ngudu zal toch echt tot zijn derde aan de borst blijven, net als al zijn leeftijdgenootjes. (Dat Ngudu daarna alsnog ondervoed raakt, valt buiten deze context.) Daarentegen hebben vrouwen in de westerse wereld na iedere voedingssessie de mogelijkheid om toedeledokie te zeggen tegen het tepelverwoestende geknaag van dat babymondje en voortaan lekker een flesje in de magnetron te zetten.

IN HET BUITENLAND In Nederland helpt de kraamhulp met het op gang brengen van de borstvoeding. Als ze na een paar dagen weggaat, mag uw vrouw het zelf lekker uitzoeken. In de meeste andere landen doet de kraamkliniek deze begeleiding, ook na de kraamperiode. Het percentage vrouwen dat borstvoeding langer dan drie maanden of een halfjaar volhoudt is in Nederland 5%. Dat is lager dan in Engeland, Duitsland, en vooral de Scandinavische landen (in Noorwegen krijgt ruim 80% van de baby's na een halfjaar nog steeds borstvoeding).
www.zvb.borstvoeding.nl/borstvoedingscijfers.html

De nachtvoeding

112 ‘Hé man, wat zie je d’r uit! Je bent toch niet aan de coke of zo?’

‘Nee, aan de kinderen.’

Je zou zeggen dat je, als je de hele dag niks anders hebt gedaan dan de boel terroriseren met je onophoudelijke gezeik, gepoep en gejank, ’s nachts je ouders clement behandelt, maar nee, om een uur of drie, vier, is het wéér Van Krijsenstein.

Een baby heeft *al-tijd* honger. Daarom slaapt u die eerste weken als in een ijshockeywedstrijd, in drie hele korte periodes. In het begin eet een baby zeven (ja, 7, u leest het goed) keer per dag, waarvan twee keer ’s nachts. Hoe krijg je het verzonnen.

Krijgt uw baby borstvoeding, dan kunt u in principe doorslapen. Uw relatie wordt er alleen niet beter op. Ja maar, hoor ik u denken, wat heeft het nou voor zin als ik wakker blijf, ik heb toch geen tieten? En mijn vrouw slaapt er geen minuut langer door.

IMPRESS YOUR WIFE Het schijnt dat de hormonen die uw vrouw in de maanden na de geboorte nog altijd in haar lijf heeft, ervoor zorgen dat ze aan de helft van de slaapuren die ze vroeger had, voldoende heeft. Soort doping van moeder natuur om de nachtvoedingsmaanden door te komen. U heeft die hormonen niet en daarom is het voor uw vrouw ook veeeeel gemakkelijker dan voor u.

Rustig, rustig. Ik weet net zo goed als u, sterker nog, zelfs uw vrouw weet net zo goed als u dat u niets kunt bijdragen aan de nachtelijke borstvoeding. Rationeel gezien. Maar laat dát nu niet haar sterkste kant zijn in deze hormonale tijden. *Fuck* ratio, ze wil solidariteit. Misschien heeft ze het tijdens de zwangerschap al eens geroepen, toen u dat broodje filet americain naar binnen werkte. Anders is het wachten tot het onvermijdelijke moment dat ze het een keer naar uw hoofd zal slingeren: 'Zeg, het is ook jouw kind, hoor!'

Ik had al snel door dat mijn vrouw na een nachtvoeding waarbij ik gewoon was blijven slapen het dekbed wat feller haar kant op trok, haar neus wat harder snoot en wat minder lieflijk vroeg 'of ik lekker sliep' dan na de sessies waarbij ik solidair was geweest. Ik koos eieren voor mijn slaap. De ene nacht gaf mijn vrouw de borst, de andere ik een fles met afgekolfde* melk.

IMPRESS YOUR WIFE U moet uw baby na het eten laten boeren. Dat doet u door hem tegen uw borst te houden, hem over uw schouder te laten kijken (niet dat hij iets ziet overigens) en hem op zijn rug te kloppen. Dan laat-ie een boer en gooit er *en passant* een klodder spuug uit. U herkent andere vaders aan de spuugvlekken op hun overhemd, ergens bij de schouders. Dat schept een band. U gaat straks ook knikken naar andere vaders. Alsof u beiden Harley rijdt.

Na een tijdje wordt de nachtvoeding gek genoeg een niet onprettig ritueel in het leven. Als u het goed plant, valt de geboorte van uw kind samen met de nachtuitzendingen van bijvoorbeeld de Australian Open of de Olympische Spelen.

* Zie de verklarende woordenlijst.

Zo leert u ook nog eens de ins en outs van kogelstoten en kleiduivenschieten. U weet nooit waar het ooit goed voor is. Nachtvoedingen zijn dodelijk voor de gezondheid, maar goed voor de algemene ontwikkeling.

De nachtvoeding voorbij

Langzaam begint u er genoeg van te krijgen. Kan die baby nou niet eens één nacht... Toen hij gisteren anderhalf uur na de nachtvoeding van 03.15 uur het weer op een janken zette, spookte de gedachte om hem met een kussen uit uw lijden te verlossen één milliseconde door uw hoofd.

Plotseling zullen uw gebeden verhoord worden. Na de zoveelste nacht van minder dan vier uur slaap, voelt de baby instinctief aan dat hij te ver is gegaan. Ergens in de tweede, hooguit derde maand (houd moed), wordt u een keer niet wakker van uw hongerhuilende baby, maar gewoon, net als in het prebabytijdperk, van een volle blaas of van de smaak van iets te veel wijn de avond ervoor. U kijkt op de wekker en ziet dat het al halfzes in de ochtend is. U slaakt een zucht van verlichting: dit begint er op te lijken. Ze komen terug, denkt u bij uzelf, die ouderwets lange nachten van acht uur aaneengesloten slaap. U gaat naar de wc en stapt met een vette, tevreden geeuw terug in bed.

Een kwartier later ligt u nog wakker. Nog steeds geen geluid van de babyfoon. Wat is-ie stil. Hij zou toch niet...?

U ligt doodstil en spitst uw oren. Niks.

U zet de babyfoon harder en kijkt of het lichtje het wel doet. Hij doet het.

Tien minuten later ligt u nog wakker. Met een zucht staat u op en u loopt naar de babykamer.

Zachtjes sluipt u naar het wiegje, die ene kraakplank vlak ervoor vermijdend. U buigt uw hoofd voorover, tot vlak bij zijn hoofdje.

Geen geluid.

Voorzichtig houdt u uw hand in de buurt van zijn hoofdje. U voelt geen ademhaling.

Hm. Zachtjes prikt u met uw vinger in zijn wang. U hoort een kreuntje en ziet een armpje schrikachtig bewegen in het schemerdonker. Pffff... Gelukkig. De baby doet het nog.

Seks na de bevalling

De eerste tijd wilt u beiden niet. Uw vrouw kan niet en u wilt niet. U heeft gezien hoe de onderkant van uw vrouw opbolde, zich verwijdde, opende en er een bloederig mormel uitperste. Dat zag er niet smakelijk uit.

Na een tijdje wint uw fysieke behoefte het van uw afkeer voor het ding waar uw kind uit kwam. U wordt weer geil. En benieuwd. Zou het allemaal wel goedgekomen zijn met die hechtingen? Zal ze nog goedgemutst zijn?

Hoewel uw bronstigheid weer toeneemt is het nu zaak geduld te betrachten. Van uw vrouw hoeft het allemaal nog niet. Het doet al pijn als u ernaar kijkt. Op zich niet gek, u heeft alleen maar gekeken hoe uw kind eruit kwam, en was al trots dat u niet flauwviel.

PRACTICUM

We gaan weer een rollenspel doen. Stel: u bent voetballer. U kreeg een sliding op kniehoogte, scheurde alles wat er te scheuren viel, schreeuwde het uit van de pijn en mocht zes weken in het gips. Daarna revalideren. Krachttraining, wandelen, joggen, rennen, sprinten, balgevoel opdoen, meetrainen met de jongens. En dan, tatatatatataaaa, is het zover. U mag weer de wei in.

In de tiende minuut valt de bal tussen u en de linksback van FC Slagerszonen in. Wat denkt u: kletst u erin? Of trekt u toch even uw been terug? Dat bedoel ik. De eerste maanden na de bevalling is uw steigerende liefdesknots voor uw vrouw net zoiets als de linksback van FC Slagerszonen voor u.

Het duurt zo'n week of zes voor het geboortekanaal en de bijbehorende uitgang weer haar aloude functie van een liefdeskanaal met de bijbehorende ingang kan oppakken. Mentaal duurt het, indachtig het rollenspelvoorbeeld, nog wat langer. En nu er een kind in huis is duurt het nóg langer. Als er iets funest is voor de seks, dan is het wel een baby.

Er is geen ontkomen aan: uw leven bestaat de komende tijd uit speentjes, spuugdoekjes, tepelhoedjes, talkpoeder, zinkzalf* en zelfbevrediging.

En u maar denken dat u *tijdens* de zwangerschap weinig seks had.

* Zie de verklarende woordenlijst.

De Dag Van De Lach

Op een dag gebeurt het. Ergens in de zesde of zevende week. U hangt boven de wieg en doet weer een van die infantiele contactpogingen waarin u, sinds u een kind heeft, grossiert. Plotseling doet hij het: hij lacht!

Hij lacht, naar u, zijn vader.

Als u op dit moment tranen in uw ogen krijgt, en stilletjes zweert bij God, Allah, uzelf of waar u ook in gelooft dat u meer van dit kind houdt dan van uw vrouw, uw ouders en uzelf, dan kunt u alles wat u van Daphne Deckers, de kraamhulp, *Oei, ik groei** en mij heeft geleerd, bij deze vergeten.

Knikker dit boek maar in de vuilnisbak. U bent geslaagd. Proficiat, U bent Vader.

IMPRESS YOUR WIFE Het is halfzes. Wat doen we: nog even snel bellen met de heer Van Amerongen van de firma DrukDrukDruk NV of hij de monstertjes al binnen heeft en dan nog gauw die orderbevestiging mailen aan C.H.W.de.Beer@lekkerbelangrijkBV.nl? Of thuis, net voor hij gaat slapen, live zien dat Uw Zoon inderdaad met zijn vingertjes grijpt naar dat oranje olifantje met dat belletje in de box, zoals uw vrouw vanmiddag juichend op uw voicemail insprak?

* Zie de verklarende woordenlijst.

Nakomelingen

Tien onweerlegbare redenen om geen kinderen te nemen

Eigenlijk wilde u helemaal geen kinderen. Dat weet ik. Voor het geval het nog niet te laat is: geef onderstaande checklist dan aan uw vrouw, nu het nog kan. En als het al te laat is en uw zaad heeft zich reeds ontwikkeld tot iets wat op een kind gaat lijken, laat haar dit dan nog eens lezen als ze straks, een jaar na de geboorte, over een tweede of derde begint. Ik richt me, in uw belang, daarom nu even rechtstreeks tot uw vrouw.

1 Het opvoeden van een kind doet hetzelfde met je relatie als het zoeken naar een hotel in Parijs in de avondspits, met je man aan het stuur die weigert te geloven dat het volgens de kaart die je op schoot hebt toch dat kleine straatje rechts, daarnet, had moeten zijn. Alleen weet je in Parijs na een dag of drie de weg.
2 Kleed je uit en ga voor de spiegel staan. Nou, kom op, niet zo flauw doen, ik kijk echt niet, zo zijn mannen niet. En? Ben je zover? Mooi. Kijk naar je borsten. Probeer je in te beelden dat de helft van de inhoud eruit is en dat ze een halve decimeter lager hangen. Niet staan, maar hangen, ja. (Overigens is die borstinhoud niet verloren gegaan voor je lijf, hoor. Hij heeft zich alleen verplaatst naar je heupen.)
3 Vergeet dat leuke hotelletje in Toscane, maak jezelf niet langer gek met zwaanzinnige KLM-aanbiedingen van 'Praag € 99' en 'New York € 247' en skip de geplande wintersport in Val Thorens. Vakantie vieren doen we de komende jaren op campings in Renesse, De Panne of – hoe avontuurlijk –

de Vendée (de Provence is te ver met een jankende baby en veel te warm ook), en weekendjes boeken doen we via www.centerparcs.nl.

4 Eten. Bespaar jezelf de zoektocht naar het lekkerste culinaire weekendarrangement in de *SpecialBite*-gids. Eettentjes halen we uit de *Kidsgids* 2008. Of we gaan gewoon, net als vorige week, naar McDonald's.

5 Slapen, daar doen we niet meer aan. Nee, laat ik niet overdrijven, je slaapt voortaan als in een ijshockeywedstrijd. In drie heel korte periodes.

6 Seks: zie het vorige punt. Maar dan zonder het ijshockeyvoorbeeld.

7 Gesprekken gaan niet meer over restaurants, over die rode jurk en of die wel kan bij die zwarte punthakken, over de morele kanten van ontwikkelingshulp, over wel of geen theaterabonnement dit seizoen, en of hij dat eigenlijk wel lekker vond, wat je met je vingers deed, gisteravond. We praten vanaf nu over kinderen, kinderen en kinderen. Als we tenminste geen slaap hebben.

8 Buiten het feit dat je stad en land moet aflopen om iets leuks te vinden in maat 42 ('en over een maand of twee is het er allemaal al weer af,' maak je jezelf wijs) heb je geen geld meer om iets nieuws te kopen in die ene winkel waar je die rode jurk hebt gekocht. En voor de uitverkoop heb je geen tijd, want dan heeft je kind de mazelen.

9 Een oppas vinden kost meer energie dan een avond stappen je oplevert. En al helemaal als er eentje binnenstapt die een T-shirt draagt van een deathmetalband die laatst in het nieuws was vanwege een groepsverkrachting. En zeven

* Bron: De foetus in focus; rede van Dr. J.M.G van Vugt, VU Amsterdam, mei 2002, http://europe.obgyn.net/nederland/default.asp?page=/nederland/oraties/vVugt

uur 's ochtends is vroeg na acht Bacardi-cola en drie uur slaap.

10 Mijn moeder ligt nóg weleens wakker als er iets is met mij, zei ze laatst. Ik ben nu 44.

Van Snuitenstijn

(Deze column dateert uit 2004, het geboortejaar van Roos.)

Naat en ik hebben onze tweede dochter Roos genoemd. Met die naam wordt ze ook door iedereen aangesproken, behalve door onszelf. Wij noemen haar Snuit. Soms zeggen we geen Snuit, maar Klein Lief Snuitje of Snuitientje. Maar nooit Roos.

De reden voor deze herbenaming is simpel: Roos leek na de geboorte meer op een snuit dan op een roos. Dat soort dingen kun je vooraf, als je tijdens de zwangerschap enthousiast namen aan het bedenken bent, nu eenmaal niet incalculeren. Op een echo lijkt iedere foetus op Sméagol, uit *Lord of the Rings* – en om je kind nou daarnaar te vernoemen, mwa.

Sinds Snuit geboren is begrijp ik ook waarom baby's in de koninklijke familie pas een paar dagen na hun geboorte een naam krijgen.

Het kapsel waarmee Snuit ter wereld kwam, maakt het snuitgehalte van Snuits gezichtje helemaal af. Dat kapsel houdt het midden tussen de coupe van Liam Gallagher van Oasis en dat van De Stampertjes uit *Pluk van de Petteflet*. In Londen zou je er zomaar driehonderd pond voor moeten betalen.

Vandaar dat het in huize Kluun Snuit voor en Snuit na is. Eva, Snuits zus, heeft onze Snuitertaal overgenomen. Ze heeft er zelfs een eigen variant op bedacht. Zij noemt Snuit

Van Snuitenstijn. 'Hé, Van Snuitenstijn!' lacht ze vertederd als ze van Snuit weer eens een als aai bedoelde pets op haar kop krijgt.

Mijn woordenschat is ondertussen volledig versnuiterd. Nog even en Naat, Eva en ik kunnen alleen nog met elkaar converseren, want dan is er geen hond meer die ons nog kan volgen. Het gesnuit heeft namelijk schrikbarende vormen aangenomen in huize Kluun. Snuit werd van een doodgewone naam al snel een zelfstandig naamwoord, daarna een werkwoord (ik snuit, jij snuitert, wij hebben gesnuiterd) en sinds kort bestaan er talloze variaties.

'Zie ik daar een lief harig Snuitje?' ('Hoi Roos!')

'Aahhh Snuitje... was je op je snuit gesnuiterd?' ('Aahhh Roosje, was je op je gezicht gevallen?')

'Hahaha, mama, kijk, Van Snuitenstijn heeft een enorme snuit aan haar snuit hangen!' ('Hahaha, mama, kijk, Roos heeft een enorme snotneus!')

'Zo, Snuit heeft echt het hele flesje naar binnen gesnuiterd.' ('Roos heeft haar flesje op.')

'Hé, ben je snuitloos?' ('Is Roos er niet bij?')

'Pfff, ik zit wel weer aan mijn snuitertax voor vandaag, hoor.' 'Ja, het is snuitertijd.' ('Pfff, ik heb genoeg van Roos.' 'Ja het is bedtijd voor Roosje.')

Het wachten is op het 'Snuitenlied' van Vader Abraham. We zijn in onderhandeling.

Binnenlands nieuws

Amsterdam, augustus 2005. Na weken van aanhoudende, felle gevechten met als inzet een semi-permanente nederzetting van guerrillastrijdster Roos van de K. (1½) in de waterbedstrook tussen vader en moeder Van de K. in, beginnen de intensieve onderhandelingen tussen beide partijen de laatste dagen hun vruchten af te werpen. Sinds drie dagen is het 's nachts rustig in huize Kluun. Hoewel het vooralsnog om een tijdelijk staakt-het-vuren gaat, spreken ooggetuigen van een voorzichtige doorbraak in het langdurige conflict.

Guerrillastrijdster Roos van de K. liet deze morgen via haar woordvoerder weten dat het hier een tijdelijk bestand betreft, en dat ze niet van plan is de strijd om de middelste strook in het waterbed van haar ouders definitief op te geven. 'Ik heb net zoveel recht op een plek in het warme waterbed als mijn ouders.' De vraag van de verslaggever wat er mis was met haar eigen bedje werd door de advocaat van Roos van de K.weggewuifd als zijnde niet relevant.

In een persverklaring zei vader Van de K. dat hij verheugd was dat zijn dochter tot inkeer lijkt te zijn gekomen. 'Ouders hebben recht op een leven met voldoende slaap en seks. Er waren momenten dat ik Roos met een kussen uit mijn lijden wilde verlossen. Het huidige bestand is broos en kan elk moment worden opgeblazen door een nieuwe terroristische actie van mijn dochter, maar het feit dat ze akkoord is gegaan om haar nachten weer in haar eigen bed door te brengen in ruil voor 90 cc melk, op een door haar te kiezen tijdstip tussen 1 en 5 uur 's nachts, is hoopgevend. In deze overspannen situatie is een compromis het maximaal haalbare en voor alle partijen het beste.'

Ook moeder Van de K. zei gelukkig te zijn met het feit dat de rust lijkt te zijn wedergekeerd en dat de diplomatieke gesprekken nut hebben gehad. 'Mijn man was op het punt gekomen waarop de strijd met de infiltrante tot gewelddadigheden had kunnen leiden,' gaf ze toe. 'Het moet een buitengewoon traumatische ervaring voor hem zijn geweest om 's nachts zijn plaats in ons bed aan zijn dochter te moeten afstaan en zich te moeten terugtrekken naar een bed in de logeerkamer.'

Vader en Roos van de K. zijn intussen weer *on speaking terms*. Alvorens tot ondertekening van een definitief vredesverdrag over te gaan eist de advocaat van Roos van de K. een diepgaand psychologisch onderzoek naar de gevolgen op lange termijn van de uitspraak 'En NU ga je godverdomme slapen, K#@*!KIND,' die vader Van de K. volgens doorgaans goed ingelichte bronnen Roos van de K. in het heetst van de strijd zou hebben toegeschreeuwd.

Vader Van de K. bevestigt noch ontkent dat hij dat gezegd heeft. We houden u op de hoogte van de verdere ontwikkelingen in huize Kluun.

(Ondertussen slaapt Roos als een roos. Nu hebben we Lola die ons 's nachts wakker houdt.)

Programmeerfoutje

Na het zien van drie bevallingen kan ik me niet aan de indruk onttrekken dat de Schepper een programmeerfoutje heeft gemaakt met dat hele geboortegedoe.

Ten eerste is een kind uitpoepen geen onverdeeld genoegen. Wat een kloteklus, zeg, dat bevallen. Chapeau, dames, ik doe het u niet na.

En dan al die complicaties. Stuitliggingen, inknippingen, tangverlossingen; het is een wonder dat er überhaupt vrouwen zijn die een bevalling overleven.

Het hele concept van het bevallen is een miskleun van jewelste. Laten we wel wezen, wie bedenkt er in hemelsnaam dat kinderen door hetzelfde ding naar buiten moeten als waarin ze zijn verwekt? Je poept toch ook niet uit je mond, omdat het eten toevallig daardoor naar binnen is gekomen? Nou dan.

Nee, bevallingen hadden, met een beetje nadenken, makkelijk anders gekund.

Hou me ten goede, dit wordt geen pleidooi voor de keizersnee, want dat heb ik weleens op SBS 6 gezien en daar wordt een mens ook niet vrolijk van. Zo'n opengereten vrouwenbuik waar ineens zo'n bloederig kind uit wordt getild, brrr.

Het moet anders kunnen.

Even wat filosoferen. Kangoeroes, u kent ze wel, die zijn toch uitgerust met zo'n buidel op hun buik, niet? Welnu, stel nou dat u als vrouw ook zo'n soort van reservevakje zou hebben. Een buidel, die ook meteen als uitlaatklep dient. Tegen de tijd dat die baby af is, rond de negen maanden, zou zo'n uitlaatklep vanzelf – of desnoods met een lichte chirurgische ingreep (net zoiets als het knippen van amandelen) – open kunnen gaan en voilà, weer een wereldburger erbij. U blij, uw man blij en uw kind blij, want hoe prettig het voor een mannelijk geslachtsorgaan ook is om te vertoeven in uw liefdestunnel, voor een baby is het heel andere koek. Dan heet een liefdestunnel ineens een geboortekanaal en daarin klem komen te zitten is nog minder prettig dan in de file staan in de Gotthardtunnel.

Ja, hoe langer ik erover nadenk: zo'n standaard kangoeroebuideltje annex uitlaatklep voor vrouwen is helemaal zo gek nog niet. Het zou best ergens op een plek kunnen waar u er, zolang u niet hoeft te bevallen, geen last van zou hebben. Op uw heup bijvoorbeeld, net als bij die broeken met zakken op de zijkant. Dat is toch niet zo ingewikkeld voor een beetje Schepper, dunkt me. Toen hij toch bezig was om de kangoeroe uit te vinden, had hij makkelijk nog even door kunnen gaan.

Het had u een hoop ellende met het baren gescheeld en veel geld bespaard aan draagzakken en Bugaboo's.

Snuit en Neil Armstrong

(Deze column schreef ik toen Roos anderhalf jaar oud was.)

Roos praat. En hoe! Het kind kent woorden waarbij de woordenschat van de gemiddelde Lingo-deelnemer in het niet valt. Vogel, hond, leeuw, schaap, aap, geit, slang inclusief de bijbehorende geluiden: *no problem* (al worden het geluid van aap en schaap soms nog met elkaar verward – kniesoor). Sommige snuiterwoorden zijn multi-interpretabel. Zo kan *tante* dansen of tanden betekenen (maar nooit tante, dat is dan weer makkelijk), *hije* is rijden, ik wil een ei of ik wil een aardbei en er zit achter de uitspraak *em* een woord dat wij nog niet kunnen bevatten. Namen van oma's, vrienden en buren zijn onder controle en ook poppen hebben een naam. Nijne (Nijntje), Beew (beer) en Hoomo (Ken, de barbiepop). (Heeft ze helemaal zelf verzonnen!) (Nou ja, niet helemaal...) (Of eerlijk gezegd helemaal niet. Ik vond het zelf wel grappig en heb het haar geleerd.)

Dan het eten. Als een wilde. Ei, kaas, worst, koek, spinazie, bloemkool, aardbeien, rozijnen, ijs, waterijs, chips, kwark, komkommer en etenswaren die vroeger (1964) in Tilburg nog niet waren uitgevonden, zoals mango & passiefruit (ja, laat die jongens van Olvarit maar schuiven) en kiwi. Om te bewijzen dat wij in huize Kluun, ondanks het feit dat we midden in het luxereservaat Oud-Zuid wonen, toch heel gewone jongens zijn gebleven: gisteren schotelde ik Snuit een halve frikandel voor en die ging er ook in als kiwi.

Drinken. Moeilijk. Melk gaat erin als melk, maar appelsap is ze beu. Ik begrijp dat goed, dat heb ik ook al jaren. Espresso, cola light en bierschuim vinden daarentegen gretig aftrek.

Ze slaapt! Tot zes uur. Dan weet u meteen waarom ik bij tijd en wijle 's ochtends vroeg dit soort epistels op mijn log weet te knallen. Het bioritme van Snuit is de beste remedie tegen opdoemende writer's blocks.

En ze loopt. Dat werd tijd ook, hoor ik u zeggen, het kind is bijna anderhalf. Daar hebt u gelijk in en dat hebben we Snuit ook al maanden aan het verstand proberen te brengen, maar het kind vertikte het gewoon. Kruipen ging wel als een trein, al deed de manier waarop meer denken aan een Indiase bedelaar die een been mist (of, het glas is immers altijd halfvol, er één heeft). Ik schijn me vroeger op dezelfde manier te hebben voortbewogen, wist mijn moeder me te vertellen, en dat is uiteindelijk allemaal ook goed gekomen.

Haar loopje is net zo apart als haar kruipje. Ik heb me er een week het hoofd over gebroken waar het ook alweer op lijkt. Vanochtend had ik het ineens.

Snuit beweegt zich voort als Neil Armstrong. *One small step for man, one giant leap for Snuit.*

Hop paardje hop? Hop paartje hop

Er zijn kinderen die hun geslachtsorgaantjes al aan het ontdekken zijn op een leeftijd dat ik het nog normaal vond dat Meneer de Uil en Juffrouw Ooievaar van onderen gewoon rond waren, zonder erotische uitstulpingen of inkepingen.

Zo hebben vrienden van ons een driejarige dochter die niet van haar eh... ding kan afblijven, tot wanhoop van haar toch – voor zover ik weet – keurige moeder en ondanks het herhaalde 'blijf @*!# van je muts af!' van haar vader.

Het vijfjarig zoontje van weer andere vrienden van ons krijgt een stijf gevalletje als hij naar plaatjes van meisjes kijkt. Ik kreeg dat pas op mijn veertiende door, maar zijn moeder bezweert dat het echt zo is. Ze heeft de dokter geraadpleegd en die zegt dat het enigszins afwijkend, doch niet zorgwekkend is.

Ouders daarentegen worden geacht voor hun kinderen de schijn op te houden dat zij seksloze wezens zijn.

Ik heb dat altijd maar ingewikkeld gevonden.

Ik herinner me de nachten dat ik Eva, mijn oudste dochter, de fles gaf en mezelf al zappend wakker probeerde te houden. Ook Canal Plus met zijn vleselijke nachtprogramma's kwam dan regelmatig voorbij. Niet dat ik vermoedde dat een melkdrinkende baby van een gezellig moppie porno op tv later bij een psycholoog allerlei belastende tekeningen zou gaan maken, maar toch wist ik niet hoe snel ik moest doorzappen. (Het is goedgekomen met haar, Eva kan lezen, schrijven en fietsen en maakt doodnormale tekeningen).

En sinds Roos, de middelste Kluun-telg, ooit mijn ochtendritueel van enkele malen opdrukken met toenemende interesse begon te bekijken en plotseling op handen en knieën ging zitten en haar hoofd als een miniheadbangertje richting de vloer bewoog, zijn we toch voorzichtiger geworden met de andere ochtendhandelingen.

Nu ja, we, ik bedoel eerlijk gezegd mijn vrouw. Als Roos in onze slaapkamer rondhobbelt en ik met mijn ochtenderectie onder de dekens vervaarlijk dicht bij de ingang waar Roos ooit uitkwam dreig te komen, schiet mijn vrouw al in de stress. Dan kan ik blijven beweren dat zijwaartse bewegingen, mits we vrolijk blijven lachen en de cruciale lichaamsdelen door het dekbed volledig aan het kinderoog zijn onttrokken, er voor een kind niet wezenlijk anders uitzien dan opdrukken of hop paardje hop – het mag niet baten. Mijn vrouw is onvermurwbaar.

Morgen gaan mijn vrouw en ik samen een weekendje naar Barcelona. Ik wil geen kind zien in een straal van tien kilometer rond onze hotelkamer.

Hoe kan een moeder van zo'n kind houden?

'Hoe kan een moeder van zo'n kind houden?' zei mijn vader vroeger weleens, als hij een baby zag met een gezicht waar de schepper zich met een jantje-van-leiden van af had gemaakt.

'Hoe kan een moeder van zo'n kind houden?' Ik had ook zoiets, maar dan met *alle* kinderen. Echt, geloof me, ik vond er geen reet aan. Jochies vanaf een jaar of tien, daar kon ik nog wel wat mee (voetballen of naar het voetballen), maar baby's, peuters, kleuters en meisjes: ze waren niet aan mij besteed.

Als iemand mij vroeg of ik ooit kinderen wilde, antwoordde ik steevast dat ik er niet aan moest denken om mezelf als vader te hebben en dat ik dat ook een kind niet aan wilde doen.

'Wacht maar tot je zelf kinderen krijgt,' zeiden vrienden dan (dat wil zeggen: vrienden die zelf kinderen hadden, met vrienden die geen kinderen hebben praat je over van alles maar nooit over kinderen). 'Dan ben je er vanaf de eerste seconde gek op.'

Het was nog waar ook.

Ik ben nog altijd geen fan van baby's – ook toen mijn eigen kinderen nog weinig anders deden dan schijten, spugen, janken en slapen, telde ik de dagen af tot ze oud genoeg zouden zijn om gewoon te zeggen wat ze bedoelden – maar *du moment* dat ze uit hun moeder kwamen, was ik er gek op.

Wat zou dat toch zijn, dat je als ouder meteen, van nul op honderd, van je baby houdt, terwijl die daarnet je vrouw zo ongeveer open heeft gescheurd?

Is het misschien een door de natuur ingebouwde veiligheidsschakelaar, omdat je zo'n kleine schreeuwlelijk anders meteen zou inruilen voor een rustiger versie? Of praten we onszelf onbewust aan dat we meteen van onze baby's houden, omdat je meteen beseft dat je het er toch echt de komende achttien, negentien jaar mee moet doen, tot ze op kamers gaan?

Ik weet het niet. Ik weet alleen dat ieder mens, van Alaska tot Australië, van zijn kinderen houdt, hoe hard ze ook schreeuwen, hoeveel hun poep ook stinkt, hoe lelijk ze ook zijn.

Waarschijnlijk zouden we zelfs zielsveel van die etterbak van een parkeerwachter houden, van die klloothommel in de auto voor ons op de snelweg en van dat stuk chagrijn achter de kassa in de supermarkt, als hij/zij toevallig als ons kind was geboren.

Misschien bewijst het ouderschap wel dat wij, mensen, het in ons hebben om van *iedereen* te houden.

Een hoopgevende gedachte.

Verklarende woordenlijst

Aanleggen Het vastkoppelen van de baby aan de tepel.

Afkolven Melk uit de borsten halen, hetzij voor latere consumptie (drie dagen houdbaar in de koelkast, onbeperkt in de vriezer, wel altijd eerst ontdooien voor u het aan uw baby schenkt), hetzij om de gespannen borsten te ontlasten. (NB: Spoel de melk die uw vrouw net heeft afgekolfd nooit eigenhandig door de gootsteen, als uw leven u lief is. Schijnt net zo te voelen alsof iemand voor uw ogen uw auto in puinpoeier rijdt.) Zie ook: Kolfapparaat.

Bandenpijn Pijn aan de spieren die de uitdijende baarmoeder een beetje op haar plek proberen te houden. Seksremmer van jewelste.

Bedklossen IJzeren gevallen die u vanwege ARBO-wetgeving moet huren (bij de plaatselijke kraamzorg, niet bij Bo-Rent) en onder het bed moet plaatsen (vóór de bevalling, niet tijdens), opdat de verloskundige en de kraamhulp geen hernia oplopen.

Colostrum Een soort Beaujolais Primeur: de eerste moedermelk die de melkfabrieken van uw vrouw aanmaken.

Commode Een kastje van een paar honderd euro, waar u straks uw baby op gaat verschonen.

Daphne Deckers Vroeger een Bond-*girl* die (met recht) trots haar DD in *Playboy* showde. Tegenwoordig een ervaren moeder die schrijft over borstvoeding, waterpokken en moederschap in boeken die in jaloersmakende aantallen worden verkocht, zonder dat ze daar naakt voor hoeft te gaan (gelukkig).

Geboortekanaal De nieuwe benaming van het gedeelte tussen de baarmoeder en de ingang van uw vrouw tijdens de zwangerschap.

hCG Zwangerschapshormoon met ontploffingsgevaar.

Indalen De verhuizing van uw baby, tegen het einde van de zwangerschap, naar de onderkant van de baarmoeder, richting geboortekanaal/uitgang.

Kolfapparaat Zeer vrouwonvriendelijk apparaat waarmee melk afgetapt kan worden. Roept associaties met koeien op. Te huur bij de kraamzorg.

Lysteria Een bacterie die door verloskundig Nederland wordt gepresenteerd als de grote *Angstgegner*.

Moeders voor Moeders Hét statussymbool voor de zwangere vrouw, namelijk het bewijs dat ze zó zwanger is dat andere vrouwen, bij wie het allemaal niet zo wil lukken, door het gebruiken van haar urine (althans de hCG die er in zit – niet oraal innemen!) toch zwanger kunnen worden. Daartoe stuurt Moeders voor Moeders (niet te verwarren met een op handen zijnde comeback van Kinderen voor Kinderen) in de eerste maanden van de zwangerschap wekelijks een soort SRV-man langs, die, goed zichtbaar voor de hele buurt, uw vrouw een krat met groene flessen geeft, die ze moet volplassen. De week erna haalt de man het hele spul op en geeft uw vrouw een nieuw krat. En zo tien weken lang.

Navelklem Geen SM-attribuut, maar een wasknijper die om de navelstreng van uw baby wordt geklemd om te voorkomen dat hij leegloopt.

Oei, ik groei Bestseller over alle frustraties van uw baby tijdens zijn ontwikkelingssprongetjes (en die hij op u en uw vrouw afreageert, want zo zijn ze).

Ontsluiting De verwijding van de baarmoedermond. (Mocht u tot dusver altijd in de veronderstelling zijn geweest dat ontsluiting betekende dat de vagina van uw vrouw tijdelijk in een gapend gat zou veranderen: u bent niet de enige.)

Ovulatie Het moment waarop de kopman van uw spermacellen heeft zitten wachten om zich met gevaar voor eigen leven door de wand van de zojuist aan de eierstok ontsprongen eicel te boren en ter plekke te ontploffen.

Perineum Geen bergtop, maar het (van boven af gezien) diepste punt van het geslachtsorgaan van uw vrouw, richting anus. Moet straks waarschijnlijk gehecht worden.

Placenta Een soort Liga voor tijdens de zwangerschap. Daarom ook wel moederkoek genoemd. Bevat voedingsstoffen en wie weet wat nog meer om uw baby te laten groeien.

Predictor Staafje waarmee u de vruchtbaarheid van uw zaad definitief en onomstotelijk kunt aantonen. (Niet te verwarren met de film waarin Schwarzenegger het aan de stok kreeg met die buitenaardse mafkees, dat was *Predator*.)

Pretecho Filmpje van uw spartelende Zoon i.u. in de baarmoeder, gemaakt met een soort nachtkijker. U ziet niet meer dan een bewegende witte vlek in een toeter, waar zo op het eerste gezicht nog niet veel aan is veranderd sinds u uw sperma in uw vrouw doneerde. De verloskundige zal aanwijzen wat wat is. (NB: Hoe enthousiast u ook wordt van Uw Zoon i.u., neem de foto niet mee naar kantoor. Uw enthousiasme zal niet worden gedeeld. 'Goh... ja... nou, eh, mooi joh. Gisteren *Idols* nog gezien?')

Puffen Hopeloze poging om weeën op te vangen, waarbij u wordt geacht ritmisch mee te pff... pff... pff... pff... pff... pffffffffffffff-en. Nederlandse pufcursusleiders beweren met droge ogen dat uw vrouw het beste zinnetjes als 'ik-ben-sterker-dan-de-weeee' en 'de-ze-wee-komt-nooit-meer-teruuug' kan puffen. De rest van de wereld ziet meer heil in pijnbestrijding.

Rompertje Niet een klap in de buik van de tegenstander als de scheidsrechter even niet kijkt, maar ondergoed voor Uw Zoon. Hopelijk met de knoopjes aan de onderkant (scheelt veel gedoe met verschonen).

Ruggenprik Pijnbestrijdingsmethode waarmee meer dan 60% van de bevallingen in de beschaafde westerse wereld menswaardiger wordt gemaakt.

Strippen Wederom iets anders dan u verwacht: het loswrikken van de vruchtvliezen bij de baarmoeder, om de boel een beetje op gang te brengen, mocht Uw Zoon i.u. na veertig weken nog steeds geen sjoege geven. Laat dit over aan de verloskundige, ga niet zelf met uw vingers wroeten.

Stuitligging Als Uw Zoon i.u. niet *head first* ligt, maar met zijn kont naar beneden. Leidt meestal tot een keizersnede.

Tangverlossing Het sjorren aan het klemzittende hoofdje van Uw Zoon i.u. met twee aan elkaar vast zittende slalepels. Ook wel: het vertrek van uw schoonmoeder na haar kraambezoek.

TENS Transcutane Elektro Neuro Stimulatie. In Nederland nog amper bekend, in Engeland en Scandinavië al jarenlang een beproefd middel om de weeënpijn te verlichten. Zie www.geboortetens.nl.

Tepelhoedje Soort beflapje dat om de pijnlijke tepel van uw vrouw gaat als uw baby met zijn kleine kaakjes een paar dagen tekeer is gegaan.

Toxoplasmose Klinkt als een middel dat op de verboden lijst van de FIFA staat, maar is een vies goedje dat in kattenuitwerpselen zit en het op Uw Zoon i.u. heeft gemunt.

Uitdrijving 1. Die enge scène uit *The Excorcist*. 2. Een nog engere scène uit *De Bevalling*. De fase waarin de baby zich een weg uit uw vrouw naar buiten baant. En dan zeg ik het netjes.

Vacuümpomp Soort ontstopper zoals u die voor de gootsteen gebruikt, maar dan met wat elektronische toeters en bellen. Uw Zoon i.u. wordt met zijn hoofd naar buiten geplopt, en ziet er de eerste dagen dientengevolge uit als kabouter Plop.

Verloskundige Veelal potige tantes van middelbare leeftijd die zelf een paar pijnlijke bevallingen hebben gehad en vinden dat uw vrouw tijdens de bevalling niet moet zeuren, maar persen.

Vlokkentest Géén consumentenpanel van De Ruyter, maar een onderzoek om het syndroom van Down op te sporen. In Nederland toegepast bij vrouwen van 36 en ouder. In de meeste andere landen krijgt *iedere* zwangere vrouw gratis een vlokkentest. (70% van vrouwen die een kind met Down krijgen is jonger dan 36 jaar.*)

Voedingsbeha Beha die als een afvalemmer open kan om de borst van uw vrouw hapklaar voor uw baby bloot te leggen. Anders dan de naam doet vermoeden lijkt het ding in de verste verte niet op zo'n geinig geval van chocola of snoeppapier dat bij Christine le Duc verkocht wordt.

Weeënremmers en -opwekkers Als Uw Zoon i.u. te vroeg (d.w.z.

< 34 weken) met eigen ogen wil zien wie zijn vader is, kan dat fout gaan. Daar is hij nog niet aan toe. In dat geval krijgt uw vrouw weeënremmers. Duurt het daarentegen allemaal te lang, dan kunnen weeënopwekkers soelaas bieden. Adalat en indometacine zijn bekende weeënremmers, seks is een beproefde weeënopwekker.

Zinkzalf Zalf die de rode billetjes van de baby wat verzacht, nadat u hem te lang met een poepluier heeft laten zitten.

Zwangerschap Niet te verwarren met: die mooie belevenis waarover u in tijdschriften als *Ouders van Nu*, boeken met titels als *De negen maanden* en *Een nieuw leven in beeld* en op websites als www.artyoukidding.nl, www.baby.nl, www.babyalbum.nl, www.babybas.nl, www.babycare.nl, www.babycompany.nl, www.babydraagdoeken.nl, www.babydromen.nl, www.baby-dump.nl, www.babyecho.nl, www.babyface.nl, www.babyfoonshop.nl, www.babyhomepage.nl, www.babyimage.nl, www.babyinfo.nl, www.babyjungle.nl, www.babymand.com, www.babypagina.nl, www.babyplein.nl, www.babypret.net, www.babyopkomst.nl, www.babyplanet.nl, www.babysales.nl, www.babysuperstore.nl, www.babytrader.eu, www.babyview.nl, www.babywalz.nl, www.babywijzer.net, www.babywinkel.nl, www.baby.pagina.nl, www.bellytalk.nl, www.bibabad.nl, www.bollebuik.com, www.brabbel.nu, www.bugaboo.nl, www.buikbanden.nl, www.dekraamvogel.nl, www.easywalker.nl, www.felicitas.nl, www.future-maman.nl, www.geboortekaartjes.nl, www.geboorte-kaartjes.nl, www.geboortetegeltje.nl, www.goedkopeluiers.nl, www.hotmamas.nl, www.ikvader.nl, www.jongegezinnen.nl, www.kindengezin.be, www.kinderstoeltje.nl, www.kindjeopkomst.nl, www.klijntje.nl, www.knuffelpost.org, www.knusjes.be, www.koekeloere.nl, www.koterenco.nl, www.kunstvoorkoters.nl, www.leukegeboortekaartjes.nl, www.mamaenzo.nl, www.mamshoekje.nl, www.maxi-cosi.nl, www.meerling.nl, www.moedersvoormoeders.nl, www.naarbednaarbed.nl, www.nationalebabymassagebon.nl, www.ooievaarspost.nl, www.opeenrozewolk.nl, www.

opti-mum.nl, www.ouders.nl, www.pampers.nl, www.predictor.nl, www.ruimschoots.nl, www.stilverlangen.com, www.uniekkraamkado.nl, www.vaderschap.org, www.vadersvannu.nl, www.voornamenboek.nl, www.vruchtbaarheid.org, www.watkostenluiers.nl, www.zappybaby.be, www.zwangerenco.nl, www.zwangernu.nl, www.zwangerstraks.nl, zwangerschap.startkabel.nl, zwanger.go2.be, www.zwangerschapstest.nu, www.zwangerworden.nl, www.zwangerworden.nu, www.3dbabywatch.nl, www.9maand.com (o.a.) kunt lezen. Wat het wel is: de gebeurtenis waardoor u met kracht werd weggeslingerd van de plek die u tot voor kort als de uwe beschouwde: het middelpunt van het universum. Uw leven is vanaf nu onherstelbaar verbeterd. Het ga u en de uwen goed.

Verantwoording

Zoals u van mij gewend bent, heb ik waarheid en verzinsel ook in dit boek aardig door elkaar gejokt, op dusdanige wijze dat ik er zelf in ben gaan geloven. De verhalen in dit boek zijn deels waar gebeurd, deels ontsproten aan mijn fantasie en deels afkomstig van vrienden. (Hanny: dank voor het verhaal van de kraamhulp.) 'Mijn vrouw' in het boek is, geloof ik, een combinatie van de moeders van Roos en Eva en dan nog heb ik het niet kunnen laten om haar woorden in de mond te leggen die deze moeders nooit zouden hebben willen, kunnen of durven zeggen. Ook de personages van de verloskundige, de kraamhulp (sorry Anneke), de huisarts en artsen in ziekenhuizen zijn (deels) verzonnen. Ten slotte dient vermeld te worden dat mijn moeder naar eigen zeggen wel degelijk van de sherry is afgebleven tijdens haar zwangerschap van mij en dat mijn schoonmoeder in werkelijkheid veel aardiger is dan in het boek.

Het verhaal 'Tien onweerlegbare redenen om geen kinderen te nemen' verscheen eerder in *Red*, 'Van Snuitenstijn', 'Binnenlands nieuws', 'Programmeerfoutje', 'Hop paardje hop? Hop paartje hop' werden gepubliceerd in *Viva*, en 'Snuit en Neil Armstrong' stond eerder op www.kluun.nl.

Dank

Allereerst dank aan mijn try-outpubliek, dat de verschillende versies van mijn manuscript heeft meegelezen en tot op het irritante af heeft bekritiseerd: Joost N., Margreeth S., Marleen S., Martin S., Naat, Rena S., Raoul K., Ruud K., Sandra van G., Tom E., Welmoet en mijn vaste oppermeelezer Janneke S.

Dank aan de jongens van Artmiks, die www.kluun.nl hebben gebouwd, omgebouwd en (zucht) op mijn verzoek weer omgebouwd, aan Herman Poppelaars voor de fotografie en Eric Hesen voor het coverontwerp.

Volgens goed Kluun-gebruik heb ik ook in dit boek weer schaamteloos passages gewrampled van cabaretiers, schrijvers, stripfiguren, acteurs, webloggers, vrienden, vriendinnen en andere mensen wier toestemming ik daar niet voor heb gevraagd.

Met name de volgende personen wil ik bedanken voor het nietsvermoedend uitlenen van hun uitdrukkingen, woorden, woordspelingen, ideeën en anekdotes: Arjan K., Caroline K., Chris van S., Engin C., Ilse V., Janneke S., Jan Willem G., Joris L., Juut, Kurt H., Marcelo O., Marco S., Merel R., Naat, Olga B., Raoul K., Ronald S., Tom E. en Welmoet. Mochten bepaalde zinsnedes of uitdrukkingen u bekend voorkomen, dan hebt u waarschijnlijk net als ik ooit een boek gelezen van Arnon G., Ben E., Michel F. of Milan K. Of Asterix, dat kan ook.

Petitie

Vindt u ook dat Nederlandse vrouwen baas bij eigen bevalling moeten worden? Ga naar www.kluun.nl en teken de petitie Stop Zinloos Geweld Bij Bevallingen.